WITNESS LEE

EL SIGNIFICADO DEL CANDELERO DE ORO

Living Stream Ministry
Anaheim, California

© 2001 Living Stream Ministry

Todos los derechos reservados. Ninguna parte de esta obra puede ser reproducida o trasmitida por ningún medio —gráfico, electrónico o mecánico, lo cual incluye fotocopiado, grabación o sistemas informáticos— sin el consentimiento escrito del editor.

Primera edición: junio del 2001.

ISBN 0-7363-1338-9

Traducido del inglés
Título original: *The Ultimate Significance of the Golden Lampstand*
(Spanish Translation)

Publicado por
Living Stream Ministry
2431 W. La Palma Ave., Anaheim, CA 92801 U.S.A.
P. O. Box 2121, Anaheim, CA 92814 U.S.A.

Impreso en los Estados Unidos de América

01 02 03 04 05 06 / 9 8 7 6 5 4 3 2 1

CONTENIDO

Título *Página*

    Prefacio   5

1   El significado del candelero de oro   7

2   La iglesia es producida por el Espíritu Santo
      junto con Cristo   19

3   Cristo es la piedra cimera del edificio de Dios   31

4   Las siete lámparas de fuego fomentan
      el mover de Dios   43

5   Los siete ojos de Dios nos transfunden   61

6   Las lámparas de fuego llegan a ser
      los ríos que fluyen   75

PREFACIO

Este libro se compone de mensajes dados por el hermano Witness Lee en una conferencia internacional que la iglesia en Taipei celebró en octubre de 1977. Estos mensajes no fueron revisados por el orador.

Capitulo uno

EL SIGNIFICADO
DEL CANDELERO DE ORO

Lectura bíblica: Ex. 25:31-32, 36-37; Zac. 4:2, 10b; Ap. 1:12-13, 20; 4:5b; 5:6; 1:4

En este libro consideraremos específicamente el candelero de oro mencionado en la Biblia. Aparentemente los escritos de Juan, a saber, su evangelio, sus epístolas y el Apocalipsis, no guardan relación alguna con el libro de Exodo en el Antiguo Testamento; o quizás diríamos que es difícil encontrar relación entre ellos. Es como si los mencionados primero vistieran "traje europeo", y el último portara "túnicas chinas". No obstante, a continuación quiero demostrar claramente que, en esencia, los escritos de Juan son el desarrollo del libro de Exodo.

LA RELACION ENTRE LOS ESCRITOS
DE JUAN Y EL LIBRO DE EXODO

El Cordero y el tabernáculo

Existen varios temas importantes en el libro de Exodo, de los cuales el primero es el cordero pascual. Este libro lleva el nombre "Exodo" debido a que el cordero pascual hizo posible que los hijos de Israel salieran de Egipto. El segundo tema que vemos en Exodo es el tabernáculo. Una vez que los hijos de Israel celebraron la pascua, abandonaron Egipto y llegaron al desierto, Dios les mostró Su deseo de que le edificaran un tabernáculo. Así que, al final de Exodo, en el capítulo cuarenta, vemos erigido un tabernáculo lleno de la gloria de Dios. Por lo tanto, el primer tema importante de Exodo es el cordero y el último, el tabernáculo. Ahora quisiera preguntarles: en los libros de Juan, a saber, su evangelio, sus epístolas y el Apocalipsis, ¿cuáles son el primer tema principal y el último? Los escritos de Juan presentan la frase: "He aquí" dos veces. En Juan 1 se encuentra una de ellas: "¡He aquí el Cordero de Dios, que quita el pecado del mundo!" (v. 29), y en Apocalipsis 21 hallamos la otra: "He aquí el tabernáculo de Dios con los hombres" (v. 3). En Exodo leemos acerca del cordero y del tabernáculo, y vemos que el cordero tiene como meta el tabernáculo. De la misma manera, en los escritos de Juan tenemos el Cordero y el tabernáculo, y también en ellos vemos que el Cordero tiene como meta el tabernáculo.

El aceite de la santa unción

Entre el cordero y el tabernáculo hay otros temas, tal como el aceite de la santa unción, que se encuentra en Exodo y también en las epístolas de Juan. La unción mencionada por Juan no fue algo de su propio invento, sino que él tomó dicho término del libro de Exodo. Sin embargo, si sólo leemos las epístolas de Juan, podremos conocer acerca del aceite de la santa unción, pero no de sus ingredientes. Si queremos conocer dichos ingredientes, tenemos que ir a Exodo. Allí vemos que el ingrediente básico es un hin de aceite de oliva, al cual se le añadían cuatro clases de especias: quinientos siclos de mirra, doscientos cincuenta siclos de canela aromática y doscientos cincuenta siclos de cálamo, y quinientos siclos de casia. Las dos unidades de doscientos cincuenta siclos forman una unidad de quinientos siclos. Estos son los elementos que constituyen el aceite de la santa unción. El aceite de oliva era el ingrediente básico, al cual se le agregaban cuatro clases de especias que se mezclaban con éste. Finalmente, el aceite ya no era sólo aceite, sino que llegaba a ser un ungüento. Por otra parte, las medidas de los ingredientes representan al Dios Triuno, ya que el Segundo fue partido. El número cinco representa a Dios el Creador junto con el hombre, la criatura. La muerte de Cristo está implícita en el hecho de que la segunda unidad fue partida. El cálamo, que crece en lugares pantanosos, representa la resurrección, y la fragancia de la casia tiene el poder de repeler insectos ponzoñosos. Al unir estos ingredientes vemos los elementos y las funciones del aceite de la santa unción.

Necesitamos estudiar los "clásicos" del Antiguo Testamento

Basados en lo dicho anteriormente, comprendemos que no es suficiente tener sólo el Nuevo Testamento, sino que también necesitamos el Antiguo Testamento. Por ejemplo, el Nuevo Testamento menciona el aceite de la santa unción, la unción misma, pero no revela sus ingredientes ni sus funciones. A fin de conocer sus ingredientes y sus funciones tenemos que ir a los "clásicos", donde encontramos el cuadro original. ¿Cuáles son los "clásicos"? Uno de ellos es el libro de Exodo. Ahora, ¿qué significa la expresión: "He aquí el Cordero de Dios"? La respuesta se halla en los clásicos. Al escudriñar en ellos, descubrimos en Exodo 12 que cada familia tenía que preparar un cordero. Además, Apocalipsis 21:3 dice: "He aquí el tabernáculo de Dios con los hombres". ¿Qué significa esto? De nuevo, es necesario regresar a los clásicos, pues en Exodo podemos ver cómo fue erigido el tabernáculo, qué clase de materiales se usaron y cuál era la situación en aquel tiempo. Para conocer todos estos asuntos, debemos regresar a los clásicos; por tanto, es menester que estudiemos los libros clásicos.

EL CANDELERO DE ORO ES CRISTO Y TAMBIEN LAS IGLESIAS

Habiendo visto en los libros clásicos el aceite de la santa unción, ahora pondremos nuestra atención en el primer capítulo de Apocalipsis, donde el apóstol Juan dice: "...y vuelto, vi siete candeleros de oro" (v. 12). Para entender qué son estos candeleros, es necesario volver a los clásicos. No sé si usted alguna vez ha investigado en los clásicos acerca del candelero. Quiero decirles una vez más a los jóvenes que deben aprender a estudiar los clásicos. Por ejemplo, si usted desea tener un buen fundamento en el idioma chino, debe estudiar los clásicos chinos, pues si no lo hace, sólo repetirá lo que otros dicen sin entender lo que está diciendo. Lo mismo sucede con respecto a los asuntos espirituales. En la actualidad, tanto los cristianos como los teólogos únicamente siguen lo que otros han dicho.

Los siete candeleros de oro son las siete iglesias. ¿En qué nos basamos para decir esto? La mayoría diría que los candeleros dan luz, y que las iglesias también dan luz y resplandecen en esta era oscura; pero esto es "repetir como un loro" lo que otros dicen. Los candeleros de oro no son tan simples, y para entenderlos tenemos que escudriñar los clásicos. En ellos podemos hallar el cordero, el tabernáculo, el aceite de la santa unción y también el candelero de oro. Por ejemplo, en Exodo no sólo vemos el cordero y el tabernáculo, sino también el aceite de la santa unción y el candelero de oro. Igualmente, en los escritos de Juan no sólo vemos el Cordero y el tabernáculo, sino también el aceite de la santa unción y el candelero de oro. Los escritos de Juan son el desarrollo de Exodo. Exodo es la almáciga, el semillero, donde están sembradas las semillas y donde crecen los brotes; mientras que los escritos de Juan son una gran labranza y no un simple vivero. Les animo a que regresen a estudiar los clásicos y "se sumerjan" en ellos.

Durante siete años y medio me reuní en una asamblea de los Hermanos que conocía muy bien la Biblia. En aquel tiempo asistí a más de mil reuniones, y no hubo una sola reunión en la que no estudiáramos la Biblia o escucháramos un mensaje. Ellos no chismeaban, y tampoco tenían mucha oración ni cantos. Siempre que se reunían sólo leían, estudiaban y exponían la Biblia. Esos maestros bíblicos me enseñaron en más de mil ocasiones. Perdí la cuenta de las veces que escuché acerca del tabernáculo y del cordero; también oí sobre las setenta semanas al final de Daniel 9, las cuatro bestias en Daniel 7, las dos bestias en Apocalipsis y acerca de la gran imagen en Daniel 2. Debido a que escuché a estos maestros durante siete años y medio, desde 1925 hasta el verano de 1932, dichos temas causaron en mí una profunda impresión y me familiaricé con ellos al grado que hasta el día de hoy aún puedo recitar estos capítulos y versículos. Sin embargo, mi punto es el siguiente: después de haber escuchado tanto, con respecto al candelero de oro solamente aprendí de los Hermanos que éste representa a Cristo como la luz, ya que el Señor Jesús dijo: "Yo soy la luz del mundo; el que me sigue, jamás andará en tinieblas, sino que tendrá la luz de la vida" (Jn. 8:12). Yo acepté la interpretación de ellos. En 1932, cuando la iglesia fue establecida en mi pueblo natal, Chefoo, yo predicaba cinco veces por semana, y les decía a otros que el Señor Jesús es el candelero de oro, la luz del mundo; alejados de El estamos en tinieblas, pero con El andamos en la luz. Ciertamente mi predicación era clara y con denuedo, y estaba llena de inspiración; no obstante, nadie me dijo que el candelero estaba también relacionado con la iglesia. De hecho, el candelero no sólo está relacionado con la iglesia, sino que es la iglesia. ¿Había escuchado usted esto? Alabado sea el Señor que por los últimos dos años hemos escuchado esto en la iglesia.

En Exodo vemos que el candelero de oro es Cristo, pero en Apocalipsis 1, el desarrollo de Exodo, observamos que los candeleros ya no son solamente Cristo, sino también las iglesias. En "el semillero" vemos que el candelero es Cristo, pero en la labranza descubrimos que los candeleros son las iglesias. El candelero de oro se multiplicó de uno a siete: en Exodo hay un solo candelero, pero en Apocalipsis hay siete candeleros. El candelero único es Cristo, mientras que los siete candeleros son las iglesias. En un principio era Cristo solamente, pero Cristo ha llegado a ser las muchas iglesias. Los maestros de la asamblea de los Hermanos enseñaron repetidas veces que el tabernáculo se refiere a Cristo y también a la iglesia, pues entendían este asunto con claridad; no obstante, nunca enseñaron que el candelero no sólo se refiere a Cristo sino también a la iglesia, ya que no tenían suficiente revelación al respecto. Agradezco al Señor que El nos ha dado más luz para ver que el candelero ciertamente es Cristo, pero que este Cristo, quien es uno, se ha multiplicado.

Al escuchar esto, aquellos que no tienen la luz de la verdad subjetiva dirán: "Witness Lee enseña herejía, pues afirma que el único Cristo ha llegado a ser muchos Cristos. ¿Acaso tenemos más de un Salvador?" Este no es un razonamiento lógico. Cristo, quien es uno, ciertamente ha llegado a ser muchos, pero Cristo el Salvador es inmutable. En 1 Corintios 12:12 dice: "Porque así como el cuerpo es uno, y tiene muchos miembros, pero todos los miembros del cuerpo, siendo muchos, son un solo cuerpo, así también el Cristo". ¿Podríamos cambiar la frase "así también el Cristo", y decir "así también el Salvador" o "así también Dios"? Por supuesto que no. Sin embargo, éste es el argumento usado por los cristianos que se oponen a esta enseñanza. He dicho definitivamente que Cristo puede incrementarse de uno a muchos, pero algunos tildan esto de herejía argumentando que el único Salvador no puede convertirse en muchos Salvadores. Sin embargo, "todos los miembros del cuerpo, siendo muchos, son un solo cuerpo, así también el Cristo". Esto claramente revela que Cristo es el Cuerpo, y ya que el Cuerpo es la iglesia, Cristo también es la iglesia. El candelero de oro mencionado en Exodo, el cual es Cristo, es sólo uno; y los candeleros de oro mencionados en Apocalipsis, siendo siete, son muchos. En Exodo el candelero es Cristo, pero en Apocalipsis ha llegado a ser las iglesias. Si usted no está de acuerdo conmigo, debe ir a pasar un tiempo a solas con el Señor en oración; El le dará la luz para ver que el candelero de oro mencionado en el Antiguo Testamento es Cristo, y que en el Nuevo Testamento, especialmente al final, los candeleros de oro son las iglesias. En el tipo del Antiguo Testamento solamente vemos a Cristo pero no a la iglesia; sin embargo, en el Nuevo Testamento, Cristo como el único grano de trigo ha llegado a ser los muchos granos, y como el único candelero ha llegado a ser los muchos candeleros. En vez de argumentar, vaya a orar; si lo hace, la luz brillará sobre usted, y verá que hoy cada iglesia local apropiada es un candelero de oro. Así como Cristo es el candelero de oro, cada iglesia local también es un candelero de oro, exactamente igual, sin ninguna diferencia.

Hace más de cuarenta años yo tenía un concepto equivocado: pensaba que el candelero del Antiguo Testamento tenía una base con siete lámparas, pero que los siete candeleros mencionados en Apocalipsis tenían siete bases con un total de siete lámparas. Pero ahora reconozco que ése era un concepto erróneo, pues cada una de las bases de los candeleros de oro en Apocalipsis tiene siete lámparas. ¿Cómo podemos comprobar esto? La prueba está en el Espíritu siete veces intensificado. Hace más de cuarenta años yo sólo veía el Espíritu Santo, pero no el Espíritu siete veces intensificado. Sin embargo, hoy veo claramente que los candeleros del Nuevo Testamento son exactamente iguales al candelero del Antiguo Testamento; cada uno de ellos tiene una base con siete lámparas, y estas siete lámparas son los siete Espíritus de Dios.

EL CANDELERO DE ORO ES EL DIOS TRIUNO

El candelero de oro también representa al Dios Triuno. El candelero de oro tiene una caña con seis brazos que salen de sus lados, tres brazos al lado derecho y tres al izquierdo. El número tres alude al Dios Triuno. Además, en la caña y los brazos del candelero hay tres componentes —las copas, los cálices y las flores— que también aluden al Dios Triuno. Además, hay otras características que muestran que el candelero de oro representa al Dios Triuno.

Su sustancia representa a Dios el Padre

El candelero de oro está hecho de oro puro, sin impureza alguna. En la tipología bíblica, el oro denota la naturaleza divina. Así como la sustancia de una mesa es madera y la de un libro es papel, la sustancia del candelero de oro es oro. El oro representa la naturaleza de Dios. A excepción del oro, toda clase de metal se corroe fácilmente. La naturaleza de Dios es como el oro, el cual es único, puro, inoxidable y no cambia. Por lo tanto, la sustancia del candelero representa a Dios el Padre; así, vemos en el candelero de oro la sustancia, la naturaleza, de Dios el Padre.

Su forma representa a Dios el Hijo

El candelero de oro es una base con forma, la cual representa a Cristo. Cristo es la corporificación de Dios, y en El habita corporalmente toda la plenitud de la Deidad (Col. 2:9). Por lo tanto, en el candelero no sólo vemos la sustancia, la naturaleza, sino también la forma. Una pepita de oro, al igual que un pedazo o trozo de oro, no posee forma definida. Sin embargo, el talento de oro del candelero no es una masa indefinida, sino que posee forma, la cual representa al Cristo encarnado. En el Cristo encarnado, quien es la corporificación de Dios, habita corporalmente toda la plenitud de la Deidad.

Por lo tanto, aquí vemos la naturaleza de Dios el Padre en la forma de Dios el Hijo.

Su expresión representa a Dios el Espíritu

El candelero de oro tiene siete lámparas. ¿Qué son estas siete lámparas? El Antiguo Testamento no da una explicación completa de esto. Aunque el libro de Zacarías ofrece una respuesta parcial, ésta no es lo suficientemente clara. Zacarías 4 dice que las siete lámparas del candelero son los siete ojos de Dios. Hoy en Su administración y operación, Dios tiene siete ojos. A muchos cristianos les gusta usar ilustraciones para expresar temas espirituales, pero nunca he visto un cuadro que muestre que Dios tiene siete ojos. Según nuestro concepto, ¿cuántos ojos tiene Dios? Todos diríamos que Él tiene dos ojos; sin embargo, la Biblia dice que Dios tiene siete ojos. Es imposible tomar los siete ojos, separarlos de Dios y "suspenderlos en el aire". Por consiguiente, ya que las siete lámparas son los siete ojos de Dios, las siete lámparas son Dios mismo. Debemos ver que los candeleros de oro son Dios mismo.

La Biblia no es tan sencilla. Al analizar el libro de Apocalipsis, vemos que las siete lámparas no sólo son los siete ojos, sino también los siete Espíritus de Dios. Las siete lámparas son los siete ojos, los siete ojos son los siete Espíritus de Dios, y los siete Espíritus de Dios son el Espíritu Santo. El Espíritu Santo es el Espíritu de Dios, y el Espíritu de Dios es uno. Entonces, ¿por qué Apocalipsis habla de siete Espíritus? Comparemos esto con una bombilla eléctrica que tiene tres grados de intensidad luminosa. Si no queremos mucha luz, accionamos el interruptor al primer grado; pero si necesitamos más luz, pasamos al segundo o tercer grado de iluminación. El Espíritu de Dios es la lámpara de Dios. En las tinieblas más espesas, es necesario intensificar la luz siete veces. La época en la que Juan escribió el libro de Apocalipsis era muy oscura. Hoy, ¿necesitamos un Espíritu o los siete Espíritus? ¡En la actualidad hay mucha oscuridad! Por eso necesitamos el Espíritu siete veces intensificado. ¿Cuánta luz tenemos hoy en las iglesias locales? ¡La luz está intensificada siete veces! Muchos pueden testificar que desde que vinieron a la iglesia han estado bajo el constante resplandor de esta luz. Esta luz no es débil como la luz de una luciérnaga, de un cerillo o de una vela. Actualmente, la luz que resplandece en las iglesias locales está intensificada siete veces.

Por ejemplo, antes un hermano "devoto" podía golpear sin problema alguno a su esposa al regresar a casa después del servicio dominical. Pero ahora, al regresar a casa después de asistir a una reunión de la iglesia y encontrar que su esposa ha hecho algo indebido, en el instante que va a reprenderla, la luz brilla intensamente sobre él. La luz es tan intensa que su enojo se disipa. A veces el esposo le habla palabras toscas a su esposa, y cuando ella está a punto de contestarle, la luz brilla intensamente sobre ella. Por esta razón, muchos podemos testificar que desde que hemos llegado a la vida de iglesia, no tenemos tantos pleitos en casa. Esto no significa que no tenemos opiniones. Algunas veces cuando estoy a punto de opinar sobre alguien, la luz brilla y digo: "¡Oh Señor, te alabo! Todas las cosas, aun esta persona problemática, son mías. Te doy gracias y te alabo, Señor, que todas las cosas cooperan para bien para los que aman a Dios". De esta manera no peleamos.

Por el contrario, en muchas reuniones de juntas directivas y líderes del cristianismo frecuentemente se suscitan pleitos, a veces abiertamente y otras veces en privado. Sin embargo, muchos de nosotros podemos testificar que no sucede así en las iglesias locales. ¡Le agradecemos al Señor por esto! La razón se debe a que en las iglesias la luz es muy intensa, y cuando estamos a punto de discutir, la luz resplandece no sólo en nuestros labios, sino también en lo más recóndito de nuestro ser. Esta luz siete veces intensificada es más potente que cualquier tipo de "rayos X". Esto es cierto no sólo en cuanto a pleitos, sino también en muchos otros asuntos. En las iglesias locales la luz es fuerte debido a que ¡allí está el Espíritu siete veces intensificado!

La sustancia del candelero de oro es Dios el Padre, su forma es Dios el Hijo y su expresión es Dios el Espíritu. El Padre, el Hijo y el Espíritu están allí. Cuando el Señor Jesús anduvo sobre la tierra, El era el candelero de oro; dondequiera que iba, la luz resplandecía. Mateo 4 dice que cuando El fue a Galilea, una gran luz resplandeció sobre aquellos asentados en región y sombra de muerte (v. 16). Además, mientras anduvo sobre la tierra, Jesucristo poseía un cuerpo físico; no obstante, tanto Su sustancia como Su naturaleza era Dios mismo, y Su expresión era el Espíritu. El Dios Triuno es el candelero de oro, y el candelero de oro es el Dios Triuno.

EL PADRE, EL HIJO Y EL ESPIRITU SON INSEPARABLES

Actualmente el cristianismo todavía sostiene la doctrina tradicional con respecto a la Trinidad, afirmando que el Padre es una entidad, el Hijo es otra y el Espíritu es aún otra. Muchos dicen que el Padre, el Hijo y el Espíritu son tres entidades diferentes y separadas, lo cual muestra que carecen de revelación. Apocalipsis revela que el Espíritu de Dios es los siete Espíritus y, como tal, no es sólo los siete ojos de Dios sino también los siete ojos del Cordero. El Cordero es Cristo, y los siete ojos son el Espíritu Santo. ¿Podríamos decir que los ojos de una persona y la persona misma son dos entidades separadas e independientes? No. Los siete Espíritus de Dios, que son el Espíritu Santo, son los ojos de Cristo el Cordero. Esto nos dice que el Espíritu Santo y Cristo no pueden ser separados, así como nuestros ojos y nuestra persona son uno; de igual manera, las lámparas y el candelero no pueden ser separados el uno del otro. Las siete lámparas son los siete Espíritus de Dios, así que los siete Espíritus no pueden ser separados del candelero. El Espíritu Santo y Cristo nunca pueden ser separados. Debemos ser profundamente impresionados con el hecho de que el candelero en realidad es el mismo Dios Triuno, y que toda la plenitud de la Deidad habita corporalmente en Cristo; este Cristo se ha expresado, y Su expresión es el Espíritu siete veces intensificado.

¿El candelero es uno o siete? Es ambos. Conforme a su sustancia, el candelero ciertamente es uno; pero según su desarrollo, función y administración, el candelero es siete. Nuestro Dios es el Dios Triuno: El es el Padre como sustancia, el Hijo como forma y el Espíritu como expresión. El Padre, la sustancia, está corporificado en el Hijo, la forma, y el Hijo es expresado como el Espíritu. Un cuadro dice más que mil palabras. El Dios Triuno es tan misterioso que no podemos describirlo con palabras. Si no podemos ni aun describir el rostro humano, ¿cómo, entonces, podemos describir al Dios Triuno? ¡Damos gracias a Dios que la Biblia nos presenta un cuadro! Este cuadro es el candelero: su sustancia es oro, su forma es la base, y su expresión es las siete lámparas. Este es un cuadro maravilloso del Dios Triuno.

Mientras el Señor Jesús anduvo sobre la tierra, El era el Dios Triuno. Podemos afirmar esto porque El era el oro puro. Aparentemente, El era Jesús el Nazareno; pero realmente, era un talento de oro. Usted y yo somos muchos kilos de barro: podemos adornarnos a fin de vernos bien, pero cuando alguien nos toca, descubre que estamos hecho de barro. Sin embargo, cuando el Señor Jesús anduvo sobre la tierra, nadie pudo encontrar barro en El, sino que cuanto más le tocaban, más brillaba y más precioso era. Algunos pusieron a Jesús a prueba "derramando agua sobre El", para descubrir si El estaba hecho de barro; pero cuanto más lo tocaban, más brillaba, y cuanto más agua echaban sobre El, más resplandecía. Cuando el Señor Jesús anduvo sobre la tierra, pasó por muchas ciudades y villas. Toda clase de personas —fariseos, saduceos, herodianos, rabinos, ancianos y escribas— vinieron a tocarle y a "echar agua sobre El"; sin embargo, cuanto más lo tocaban, más brillaba, y cuanto más "agua derramaban sobre El," más resplandecía. El es oro puro. Además, cuando El se presentaba ante el pueblo, El era la luz. El era las siete lámparas; adondequiera que El iba, allí resplandecía la luz siete veces intensificada. El era el candelero de oro, el cual denota al Dios Triuno. El Padre estaba allí, el Hijo estaba allí y el Espíritu estaba allí; es decir, la sustancia del Padre, la forma del Hijo y la expresión e iluminación del Espíritu, estaban en El. Esto es lo que Cristo es.

LA IGLESIA ES LA REPLICA DE CRISTO

¡Alabamos al Señor que este Cristo, el único grano de trigo, fue sepultado en la tierra, murió y resucitó para ser los muchos granos! Después de la muerte y la resurrección de Cristo, la iglesia fue producida. El es el único grano, pero las iglesias son muchas; la iglesia en cada localidad es una expresión de Cristo. Por lo tanto, el único candelero ha llegado a ser los muchos candeleros. ¿Qué es la iglesia? La réplica de Cristo. El único Cristo se multiplicó, reproduciéndose por medio de Su muerte y Su resurrección; por tanto, tal como es Cristo, así también es la iglesia. Esto no es una doctrina, sino una experiencia subjetiva.

Capitulo dos

LA IGLESIA ES PRODUCIDA POR EL ESPIRITU SANTO JUNTO CON CRISTO

Lectura bíblica: Ex. 25:31-32, 37; Zac. 3:9; 4:2-10; Ap. 1:4, 11-13, 20; 4:5; 5:6

EL DESARROLLO DE LA REVELACION CON RESPECTO AL CANDELERO DE ORO

Las revelaciones presentadas en la Biblia son progresivas. La mayoría de las revelaciones son sembradas como semillas en Génesis, se desarrollan gradualmente libro tras libro, y llegan a su consumación en Apocalipsis. Podríamos decir que en Génesis tenemos las semillas, y en Apocalipsis, la cosecha. La revelación del candelero de oro, presentada por primera vez en Exodo 25, sigue el mismo principio. Aquí debo agregar una palabra breve: el concepto del candelero no se halla en la historia humana ni en ningún escrito humano; éste es un asunto muy específico. Ni siquiera un experto en diseño podría crear tal modelo. Por consiguiente, durante los últimos milenios el candelero de oro ha sido algo único, cuya fuente es divina, ya que no fue concebido por la mente humana. Por eso, dicho modelo es muy especial: es un candelero con siete lámparas. Cada aspecto de este candelero tiene significado espiritual.

El candelero de oro es presentado detalladamente en el libro de Exodo, pero existía la necesidad de un desarrollo adicional. Por ejemplo, Exodo 25 explica que el candelero es una obra de oro puro labrada a martillo, pero allí no se menciona el aceite. Sin embargo, Zacarías 4 añade que hay dos olivos a los lados del candelero, y al final de este capítulo vemos que estos dos olivos son los dos ungidos. *Ungidos* en el idioma hebreo se traduce *hijos de aceite*. Estos dos ungidos son los dos hijos de aceite, quienes están llenos de aceite. En Apocalipsis 11 estos dos olivos, los dos ungidos, los dos hijos de aceite, son los dos testigos que vendrán (vs. 3-4). Después de que muchos creyentes sean arrebatados a los cielos, estos dos testigos difundirán el testimonio de Dios sobre la tierra. Debemos ver que los dos testigos mencionados en Apocalipsis 11 son también dos candeleros de oro. El punto principal, sin embargo, es que Exodo describe el candelero de oro pero no menciona el aceite de oliva; es en Zacarías 4 donde se hace mención del aceite. Respecto al candelero con los dos olivos a sus lados, el profeta Zacarías pregunta: "¿Qué es esto, señor mío?" Luego el ángel responde: "No con ejército, ni con fuerza, sino con mi Espíritu, ha dicho Jehová de los ejércitos" (vs. 4, 6). Aquí Zacarías 4 introduce el concepto del Espíritu. En Exodo 25 sólo encontramos el concepto del oro —el candelero de oro—, pues no se menciona el aceite; pero en Zacarías 4 sí se menciona el aceite, y dicho aceite es el Espíritu Santo. Primero vemos el candelero de oro, y luego el aceite de oliva (el Espíritu Santo). Después, en Apocalipsis 1 vemos no sólo un candelero de oro, sino siete candeleros de oro (v. 12). El único candelero se convirtió en muchos candeleros.

LAS TRES ETAPAS DEL CANDELERO DE ORO PRESENTADAS EN LA BIBLIA

La Biblia presenta el candelero de oro en tres etapas: la primera etapa es el candelero de oro, la segunda es el candelero de oro más el aceite de oliva (el Espíritu Santo), y la tercera etapa es el candelero único que se convierte en los muchos candeleros; esto es muy significativo. El candelero presentado en Exodo 25 se centra en Cristo; en Zacarías 4 se recalca el Espíritu Santo; y en Apocalipsis 1, las iglesias. Los tres pasajes mencionan el candelero, pero el primero se centra en Cristo, el segundo recalca el Espíritu Santo, y el tercero subraya que se producen las iglesias.

¿Cómo se produce la iglesia? La iglesia se produce con el Espíritu y con Cristo. Cristo junto con el Espíritu es la iglesia como candelero de oro. Conforme al deseo eterno de Dios, Su economía o plan, el candelero de oro no es solamente Cristo, ni sólo Cristo con el Espíritu; más bien, el candelero de oro es la iglesia producida por Cristo junto con el Espíritu. La iglesia es la meta máxima de Dios. El plan de Dios se cumple a partir de Cristo mediante el Espíritu hasta que se produzca la iglesia. Dios no puede llevar a cabo Su plan únicamente con Cristo sin el Espíritu; aun si Cristo junto con el Espíritu estuvieran presentes, pero no se ha producido la iglesia, Dios todavía no ha alcanzado la meta de Su economía.

Es necesario ver que, cuando el último libro de la Biblia habla del candelero, no se centra en Cristo ni en el Espíritu, sino en la iglesia. Aquí debo decir algo que quizás moleste a algunos; sin embargo, la verdad es la verdad y lo falso es falso, lo bueno es bueno y lo malo es malo. Me gustaría decir algo positivo acerca de otros, y a veces me he propuesto no criticar el cristianismo en mi predicación; no obstante, mientras estoy dando un mensaje, no puedo evitarlo porque la unción me unge a hacerlo. En la revelación divina primero vemos a Cristo, luego al Espíritu y finalmente a la iglesia. Pero, ¿existe en el cristianismo actual la realidad de la iglesia? Definitivamente no. Por lo tanto, el cristianismo verdaderamente es digno de lástima. Incluso hay un grupo que supuestamente busca la espiritualidad y dice: "A nosotros sólo nos interesa Cristo; no nos importa la iglesia". Este se ha convertido en su refrán. Desean tener a Cristo, pero no a la iglesia; eso significa que aceptan el libro de Exodo, pero no el de Apocalipsis. ¿Habla Apocalipsis acerca de Cristo o acerca de la iglesia? Juan no dice: "Cuando me volví vi a Cristo", sino: "Vuelto vi siete candeleros de oro". Juan también dijo: "Y en medio de los candeleros, a uno semejante al Hijo del Hombre" (vs. 12-13). Esta es la visión completa.

INTERESARNOS POR CRISTO Y POR LA IGLESIA

Hoy debemos ver la iglesia, y también debemos ver que Cristo anda en medio de las iglesias. Muchos podemos testificar que mientras estábamos en las denominaciones no vimos mucho de Cristo ni lo disfrutábamos, pero desde que hemos llegado a la iglesia, en el recobro del Señor, ciertamente vemos al Hijo del Hombre que anda en medio de las iglesias locales. Cuanto más hablan aquellos que dicen:

"Queremos a Cristo pero no a la iglesia", más vacíos están. Los que estamos en la iglesia decimos: "¡Queremos la iglesia!" ¿Por qué deseamos la iglesia? Porque Cristo está en la iglesia. Si realmente nos interesa Cristo, nos debe interesar también la iglesia. Podemos comparar esto con la manera en que bebemos agua. Si decimos que queremos el agua pero no el vaso, no podremos beber, pues sin el vaso no se puede beber el agua.

En abril de 1957, algunos hermanos que vinieron de Inglaterra y de Dinamarca valoraron mucho la audiencia que asistió a una gran conferencia en Taipei. Un hermano avanzado de edad comentó que en toda su vida de servicio al Señor nunca había visto una audiencia como ésa. Sin embargo, después de un tiempo, él trató de suprimir la iglesia. Aquellos hermanos, quienes estuvieron con nosotros por ocho semanas, apreciaban mucho el té chino. Un día nos sentamos a tomar el té en la casa de los obreros y, mientras disfrutábamos del té, aprovechamos la oportunidad para hablar. Ciertamente yo sabía lo que sentían: ellos pensaban que todo lo que dijimos estaba bien, pero que desafortunadamente había "una mosca en el ungüento," es decir, la iglesia. Sin embargo, no se atrevían a decirlo ni a oponerse abiertamente. Por lo tanto, en esa ocasión tomé la oportunidad para decirles: "Ustedes realmente aprecian nuestro té, pero desafortunadamente he descubierto que están tratando de quebrar nuestras tazas y nuestra jarra de té". Además, les dije: "Permítanme preguntarles, si ustedes quiebran nuestra tetera y nuestras tazas, ¿cómo podremos servir el té? No habrá más té". Se miraron uno al otro y entendieron perfectamente mi palabra; no obstante, después de aquel tiempo, un pequeño grupo de colaboradores jóvenes fue influenciado por ellos y comenzaron a repetir: "Queremos a Cristo pero no a la iglesia". Hace veinte años que esto sucedió, y no podemos negar lo que les ha ocurrido a ellos. Veinte años de historia prueban que aquellos que quieren a Cristo pero no a la iglesia, terminan en la ruina y sin nada.

Por supuesto, no estamos diciendo que "bebemos la jarra pero no el té". Queremos la "jarra" porque queremos "beber té". Cuando bebo té en casa, soy muy particular con la tetera y las tazas. Puedo gastar muchos dólares en comprar la tetera pero sólo cinco dólares para el té. Permítanme preguntarles: ¿Gastan más dinero en la jarra o en el té? Hemos estado peleando la batalla por más de veinte años, y hoy aún seguimos peleando: la batalla no se centra en Cristo, sino en la iglesia. Es decir, el enfoque de la disputa no es Cristo sino la iglesia. Veinte años de historia prueban que aquellos que sólo quieren a Cristo y no a la iglesia están destinados a la ruina. A ellos sólo les interesa el té, pero no la jarra; sin embargo, a mí me interesan los dos. La Biblia no se detiene en Exodo, sino que avanza hasta llegar a Apocalipsis. Al final de Apocalipsis hay una enorme "jarra" universal llamada la Nueva Jerusalén. Esta es una "jarra" grande y única. La revelación divina no se detiene en Exodo ni en Zacarías, sino que avanza hasta llegar a Apocalipsis.

EL CANDELERO, JEHOVA, EL CORDERO Y LA PIEDRA

Consideremos de nuevo lo que es el candelero de oro. Hemos visto que el candelero de oro es el propio Dios Triuno: el Padre es la sustancia, el Hijo es la forma y el Espíritu es la expresión. Todos aquellos que hayan visto la luz, dirán: "¡Aleluya, el candelero de oro es el Dios Triuno!" Pero ahora quisiera mencionar otros asuntos adicionales. Primero, la Biblia dice que el candelero de oro tiene siete lámparas, y el libro de Zacarías dice que las siete lámparas son los siete ojos de Jehová. Los siete ojos equivalen a las siete lámparas. Entonces, ¿quién es Jehová? Jehová es el candelero. El candelero que tiene las siete lámparas es Jehová que tiene los siete ojos. Esto es muy claro. Las siete lámparas son los siete ojos; por lo tanto, el candelero es Jehová.

En segundo lugar, estos siete ojos son los siete ojos del Cordero (Ap. 5:6). Originalmente había un candelero; luego, la revelación avanzó del candelero a Jehová y de Jehová al Cordero. Esto muestra que el candelero es Jehová, que Jehová es el Cordero, que las siete lámparas del candelero son los siete ojos de Jehová, y que los siete ojos de Jehová son los siete ojos del Cordero. Además, Zacarías 3:9 dice que estos siete ojos son también los siete ojos de la piedra; por tanto, esta piedra equivale al Cordero. El candelero es lo mismo que Jehová, Jehová es igual que el Cordero, y el Cordero es la piedra. Estos cuatro son uno. Las siete lámparas del candelero son los siete ojos de Jehová; los siete ojos de Jehová son los siete ojos del Cordero; y los siete ojos del Cordero son los siete ojos de la piedra.

No pensemos que esto es sencillo. No sé porqué nuestro Dios no presentó estas cosas de una manera más simple cuando inspiró los escritos de las Santas Escrituras. Cuando estudié estos temas hace más de veinte años —el candelero, Jehová, el Cordero y la piedra— se me hizo bastante difícil entenderlo. Sin embargo, encontré la manera de simplificarlo. Si no hubiera descubierto este camino, aun después de que usted pasara todo el día leyendo Exodo 25, Zacarías 3 y 4, y Apocalipsis 1, 4 y 5, no sería capaz de entenderlo debidamente. ¿Cuáles son estos cuatro asuntos? El candelero, Jehová, el Cordero y la piedra. Ahora veamos otros tres asuntos: las siete lámparas, los siete ojos y los siete Espíritus.

LAS SIETE LAMPARAS, LOS SIETE OJOS Y LOS SIETE ESPIRITUS

Las siete lámparas son los siete ojos, los siete ojos son los siete Espíritus y los siete Espíritus son las siete lámparas. ¡Así podemos seguir siempre en un círculo! Entonces, ¿qué significan las lámparas, los ojos y los Espíritus? Además, ¿cómo pueden las lámparas ser los ojos, los ojos ser los Espíritus, y los Espíritus ser las lámparas? Algunos dirán: "Las siete lámparas brillan, los siete ojos infunden y los siete Espíritus saturan". Esto suena lógico, pero no es una presentación completa. Además, podemos preguntar: "¿Cómo puede el candelero ser Jehová, Jehová ser el Cordero y el Cordero ser la piedra?"

Estas verdades han permanecido sepultadas en la Biblia por siglos. Aun en las mejores escuelas teológicas pasan por alto estos temas cuando leen acerca de ellos, diciendo: "No trate de estudiar tantos asuntos. Algunos pasajes de la Biblia son muy difíciles de entender, y sólo debemos interesarnos en lo que podemos entender". Con el tiempo, a muchos sólo les interesa Juan 3:16 y 1 Timoteo 1:15. Si preguntamos a los teólogos y estudiamos sus libros, no encontraremos ningún escrito que nos diga que el candelero es el Dios Triuno. Tampoco hallaremos a alguien que nos diga que el candelero mencionado en Exodo se centra en Cristo, que el candelero de Zacarías recalca el Espíritu, y que los candeleros de Apocalipsis son las iglesias. Actualmente muchos cristianos no valoran la iglesia debido a que no tienen esta luz y revelación. Podemos ilustrar esto de la siguiente manera: una vez compré un reloj muy bueno que venía empacado en una caja muy bonita. Cuando uno de mis hijos vio la envoltura, no le interesó el reloj sino que prefirió la caja. Vio que la caja era muy atractiva y la valoró más que el reloj, pues se hallaba en ese nivel de "visión" y "revelación". De hecho, ésa era su visión insensata y su revelación pobre. Yo fui sabio; guardé el reloj en mi bolsillo y le di la caja, pues sabía cuál tenía mayor valor.

Cierto día, después de dar un mensaje en Houston, Texas, una mujer casada vino y me dijo: "Hermano Lee, su mensaje fue muy bueno, pero ¿por qué sólo habla de la vida de iglesia y no de la vida familiar?" Le contesté: "Hay bastantes personas que hablan de la vida de familia, por lo tanto, no hay necesidad de que yo hable de lo mismo. Y ya que nadie habla de la vida de iglesia, debo suplir la deficiencia y hablar específicamente de ello". Y continué: "Hablando sinceramente, ¿cuál es más preciosa: la vida de iglesia o la vida de familia? ¿Cuál es superior y cuál es inferior? ¿Cuál tiene más importancia?" Finalmente dije: "Si usted no tiene una vida de iglesia apropiada, será difícil que tenga una vida familiar apropiada". Aquella mujer estaba separada de su marido y esperaba que dijera algo que les ayudara a reconciliarse. Ella no vio que la separación se debía a que ellos no tenían la vida de iglesia. No creo que una familia que realmente practique la vida de iglesia se separe. ¡Debemos alegrarnos de que en la vida práctica de iglesia no haya divorcio ni separación! Por ejemplo, después de una disputa, el esposo se culpará a sí mismo, confesará sus pecados, derramará lágrimas y luego irá a su esposa, diciendo: "Lo siento; por favor, perdóname. ¡La vida de iglesia me motiva a confesar mis faltas y a disculparme!" Por consiguiente, le dije a aquella mujer: "Lo que usted necesita es la vida de iglesia. Yo vine aquí comisionado por el Señor a decirle que usted necesita la vida de iglesia".

EL CANDELERO DE ORO
TIENE COMO META LA IGLESIA

Todas estas verdades preciosas están en la Biblia, pero debido a que nuestro entendimiento es muy superficial, no las hemos visto ni hemos participado de ellas. El candelero de oro no tiene como meta a Cristo ni al Espíritu, sino a la iglesia. ¿De dónde proviene la iglesia? La iglesia proviene de Cristo junto con el Espíritu. Nunca olviden que la iglesia es Cristo junto con el Espíritu.

El nombre Jesús significa *Jehová el Salvador*, o sea, *Jehová es nuestra salvación*. Así que, Jehová es el Cordero. Juan 1:29 dice: "He aquí el Cordero de Dios". ¿Quién es este Cordero? El Cordero es Jehová el Salvador, el Dios que se encarnó para llevar nuestras iniquidades en Su carne. El es nuestro Jehová-Cordero. El es el Dios eterno que se hizo nuestro Redentor. Por consiguiente, los ojos de Jehová son los ojos del Cordero. Además, este Cordero no sólo murió en la cruz para llevar nuestros pecados, sino que también ¡resucitó de entre los muertos! Y en Su resurrección El llegó a ser la piedra. ¿Cómo sabemos esto? No es fácil explicarlo; para ello necesitamos leer Hechos 3 y 4. En Hechos 3:15 Pedro predicó el evangelio diciendo: "...Matasteis al Autor de la vida, a quien Dios ha resucitado de los muertos". Luego, en 4:11 dijo: "Este Jesús es la piedra menospreciada por vosotros los edificadores, la cual ha venido a ser cabeza del ángulo". ¿Cuándo fue hecho Cristo la cabeza del ángulo? En la resurrección. Los judíos consideraron que Jesús el Nazareno era una piedra pequeña que no merecía atención alguna, así que lo menospreciaron y de hecho, lo arrojaron a la tumba. Sin embargo, Dios abrió el sepulcro, sacó a esa pequeña piedra de la tumba y la convirtió en la piedra principal, la cabeza del ángulo. Sobre esta piedra hay siete ojos. Esta piedra es el Cordero, el Cordero es Jehová, y Jehová es el candelero de oro. Esto no es sencillo.

¿Qué significa todo esto? Significa que el Dios eterno se hizo carne para ser el Cordero que llevó nuestros pecados, nos redimió por Su muerte y luego resucitó para convertirse en una piedra. La piedra es el candelero, y el candelero es la piedra. Todos sabemos que el candelero irradia luz y alumbra, y que la piedra sirve para edificar la morada eterna de Dios. La Biblia habla por primera vez del candelero en el contexto de la edificación del tabernáculo. La morada de Dios no puede llegar a existir sin el candelero. Si no hay candelero, no hay morada de Dios. El primer edificio de Dios fue el tabernáculo, dentro del cual estaba el candelero, y luego en el templo también estaba el candelero de oro. Más tarde el templo fue destruido, pero en Zacarías 4 vemos que el candelero reaparece en la restauración y reedificación del templo. El candelero siempre está presente en el edificio de Dios.

Por una parte, Zacarías 3 y 4 hablan del candelero; por otra, estos capítulos hablan de la piedra. Sobre el candelero hay siete lámparas, y sobre la piedra hay siete ojos, los cuales son los siete ojos de Jehová. Esto demuestra que la piedra es Jehová. Los siete ojos de Jehová son los siete ojos de la piedra. ¿No equivale esto a decir que Jehová es la piedra? El Cristo resucitado es Jehová, pero ahora Jehová es una piedra, y esta piedra se usa para edificar la morada de Dios. En Zacarías 4 vemos que Él restaura el templo, lo reedifica, mientras que en Apocalipsis 1 Él edifica la iglesia. Apocalipsis habla del edificio de Dios, el cual se inicia con la iglesia y culmina en la Nueva Jerusalén, la meta eterna. Este edificio se basa por completo en Cristo como la piedra viva.

Amados hermanos y hermanas, al unir todo esto podemos ver un cuadro maravilloso, el cual es mejor que mil palabras. Al ver esto, sabremos qué es la iglesia. ¿Qué es la iglesia? Jehová se hizo el Cordero redentor que murió y resucitó para llegar a ser la piedra de edificación; esta piedra de edificación es el candelero con siete ojos, siete Espíritus y siete lámparas para producir la iglesia. En conclusión, este candelero de oro es la iglesia. El candelero-iglesia, o iglesia-candelero, no es simple, pues allí está Jehová, el Cordero redentor y la piedra resucitada. Allí se halla el candelero, las siete lámparas y los siete Espíritus.

DEBEMOS IR A TODO LUGAR Y LLEVAR EL TESTIMONIO DE LA IGLESIA

Ahora podemos entender qué es la iglesia. La iglesia, y no el cristianismo, debe llevar el testimonio a todo lugar. Cuando hablo de este asunto, se enciende en mí un fuego. Quiero despertarles a que vayan a predicar el evangelio de la iglesia gloriosa y lleven el testimonio de la iglesia. Toda ciudad, pueblo, villa, y aldea en la isla de Taiwan necesita dicho testimonio. Estoy muy contento en esta visita porque veo muchos jóvenes que arden de amor por el Señor y llevan la responsabilidad del servicio en esta conferencia. Sin embargo, ¡hoy quiero despertarlos a salir! Deben ir por toda la isla de Taiwan a establecer una iglesia en cada ciudad. Nuestra meta no es difundir el cristianismo, sino establecer la iglesia en el recobro del Señor.

Quiero alborotar sus "nidos" para que de ahora en adelante no puedan tener una vida tranquila sino que más bien, salgan y prediquen el evangelio. "Por tanto, id, y haced discípulos a todas las naciones, bautizándolos en el nombre del Padre, y del Hijo, y del Espíritu Santo" (Mt. 28:19). ¡Decimos amén! Primero deben ir a toda la isla de Taiwan, y luego al sudeste de Asia. Esta era les pertenece, por lo tanto, no prediquen un evangelio mediocre, con miras a que las personas sólo sean perdonadas de sus pecados y el alma de ellas sea salva de la perdición; más bien, prediquen el evangelio de la iglesia gloriosa. Nuestro Novio ciertamente vendrá, pero ¿dónde está la novia? Debe haber iglesias establecidas en cada localidad sobre la tierra, pues sólo la iglesia apropiada puede ser Su novia.

Actualmente, ésta es la obra que el Señor está llevando a cabo en los Estados Unidos, Europa y América del Sur. Este es el motivo por el cual casi todo el cristianismo en Europa y en Estados Unidos se opone a nosotros. Hoy el Señor necesita obtener el testimonio del candelero; El necesita que las iglesias sean los candeleros en cada localidad. No importa si somos muchos o pocos, lo que importa es el resplandor de las lámparas y el brillo del oro. La esperanza de dicho testimonio depende de ustedes, la generación joven. Agradecemos al Señor que desde 1948 hasta el día de hoy, Su testimonio ha estado por veintinueve años en Taipei. Muchos de ustedes, los jóvenes que trabajan, son el producto de este testimonio de veintinueve años. Si ustedes no se levantan, dicho testimonio no tendrá futuro. Por eso, espero que hoy se les hayan abierto los ojos y vean en la Biblia que el Señor desea finalmente obtener el candelero lleno del Espíritu y de Cristo, con el resplandor de las lámparas y del oro, y que este candelero lleve el testimonio del Señor. Cada ciudad, cada pueblo y cada villa en toda la isla de Taiwan debe tener dicho testimonio. Pueden reunirse treinta personas en una ciudad, cuarenta en otra ciudad, veinte en otra localidad y aun cincuenta en otra; pero en cada ciudad debe haber un candelero. Ustedes han escuchado suficiente, se han nutrido suficiente y han disfrutado suficiente; así que, hoy deben aceptar esta comisión.

Capítulo tres

CRISTO ES LA PIEDRA CIMERA DEL EDIFICIO DE DIOS

Lectura bíblica: Zac. 3:9; 4:7; Hch. 4:10-12; Jn. 1:42; Mt. 16:18; 1 P. 2:4-5; 1 Co. 3:12; Ap. 21:11, 18-19a

LA IGLESIA ES LA REPLICA DEL ESPIRITU JUNTO CON CRISTO

Espero que cada uno de nosotros pueda recibir una visión clara de que la iglesia es la réplica, la reproducción, del Espíritu junto con Cristo. Esto no se ve en el cristianismo; la cristiandad es sólo una simple religión, una organización humana, y no la réplica del Espíritu junto con Cristo. Actualmente el recobro del Señor tiene como fin recobrar la iglesia como réplica del Espíritu junto con Cristo. Por eso sentimos la carga de que haya un testimonio viviente de la iglesia en cada localidad y en cada país. Esto no depende de que haya un número grande o pequeño de personas, sino de que algunos santos se reúnan en el nombre del Señor, en la persona del Señor, como réplica y reproducción de Cristo.

Consideremos lo que verdaderamente significa la réplica del Espíritu junto con Cristo. Todos sabemos qué es una réplica. Si tenemos un escrito debidamente redactado y sin errores de ningún tipo, lo único que necesitamos hacer es reimprimir la obra original en muchas hojas. El texto original puede ser reproducido en miles de copias idénticas; esto es lo que significa hacer una réplica. Ciertamente Cristo es uno y el Espíritu es uno, pero el Espíritu junto con Cristo desea producir una réplica de Cristo, y dicha réplica es la iglesia. Así, lo que está en el original también estará en cada copia reproducida, sin que hayan "palabras diferentes" ni "errores gramaticales". Esto es la iglesia, la réplica de Cristo, "el libro impreso" del Espíritu junto con Cristo.

Ahora bien, ¿cuál es el contenido de esta réplica? La revelación bíblica acerca de esto no es nada sencilla; por lo tanto, la Biblia usa figuras para explicarlo claramente. Por ejemplo, el tabernáculo es un tipo de la morada de Dios y conlleva muchos aspectos; si tratáramos de describirlo verbalmente, sin ningún dibujo, no podríamos explicarlo de una manera clara y entendible. Por tanto, Dios en Su sabiduría nos dio el tabernáculo como cuadro. Al ver dicho cuadro, espontáneamente entendemos qué es la morada de Dios. Esta clase de figura o representación es más clara que mil palabras. La iglesia es la réplica del Espíritu junto con Cristo y, como tal, no puede ser expresada claramente ni aun con mil palabras. Por esta razón la Biblia nos presenta un símbolo, aunque el símbolo mismo no es fácil de entender. Hemos visto que el candelero de oro aparentemente es sencillo, pero cuando realmente profundizamos en su significado, no es tan fácil de entender.

EL CANDELERO, JEHOVA, EL CORDERO Y LA PIEDRA

En el capítulo anterior mencionamos cuatro asuntos: el candelero, Jehová, el Cordero y la piedra. Hemos visto que el candelero es Jehová, que Jehová es el Cordero, y que el Cordero es la piedra. La clave para demostrar esto son las siete lámparas, ya que estas siete lámparas son los siete ojos, y los siete ojos son los siete Espíritus. Las siete lámparas del candelero son los siete ojos de Jehová (Zac. 4:2, 10); por consiguiente, esto muestra que el candelero es Jehová. Jehová con siete ojos equivale al candelero con siete lámparas. La Biblia también afirma que los siete ojos de Jehová son los siete ojos del Cordero (Ap. 5:6). Por tanto, esto también prueba que Jehová es el Cordero, y que el Cordero equivale a Jehová. Además, estos siete ojos son los siete ojos de la piedra (Zac. 3:9), lo cual prueba que la piedra es el Cordero mismo. Y por último, la Biblia también dice que los siete ojos son los siete Espíritus de Dios (Ap. 5:6). Por tanto, podemos decir que el candelero es Jehová, que Jehová es el Cordero, que el Cordero es la piedra, y que la piedra es Dios mismo. Hay siete lámparas, siete ojos y siete Espíritus. Las siete lámparas pertenecen al candelero, y los siete ojos pertenecen a Jehová, al Cordero y a la piedra. Los siete ojos también son los siete Espíritus de Dios.

Al comparar estos pasajes bíblicos vemos definitivamente que las siete lámparas son los siete ojos, y que los siete ojos son los siete Espíritus. Basados en esto vemos que el candelero es Jehová, que Jehová es el Cordero, que el Cordero es la piedra, y que la piedra es Dios. Quizás estas palabras turben a los teólogos y pregunten: "¿Cómo puede usted decir que el candelero es Jehová y que la piedra es Dios? ¿Qué clase de teología es esta?" Esta es la teología auténtica de la Biblia. Muchos teólogos no conocen la Biblia; principalmente ellos conocen la teología tradicional y no ven la palabra divina, la revelación pura y directa de Dios. Por ejemplo, si el Señor Jesús no hubiera dicho: "La piedra que rechazaron los edificadores ha venido a ser cabeza del ángulo" (Mt. 21:42), estoy seguro que ningún teólogo estaría dispuesto a afirmar ese hecho. Y a pesar de que el propio Señor lo dijo, los teólogos no hablan mucho de ello porque no lo entienden claramente. Ellos no comprenden cómo el Señor Jesús puede ser una piedra ni cómo esta piedra fue cortada, no con mano, para destruir la gran imagen mencionada en el sueño de Nabucodonosor, y finalmente llega a ser un gran monte que llena toda la tierra (Dan. 2:31-35).

Jehová: Dios en Su relación con el hombre

Olvidémonos de los teólogos y regresemos a la Biblia. La Biblia dice que este candelero es Jehová, que Jehová es el Cordero, que el Cordero es la piedra, y que la piedra es Dios mismo. Queridos hermanos y hermanas, debemos ver esto claramente si queremos conocer la iglesia. No olvidemos que el candelero es el Dios Triuno. ¿Cómo, entonces, es el candelero Jehová? Necesitamos entender con claridad que el uso bíblico del título *Jehová* tiene que ver específicamente con la relación que Dios tiene con el hombre. Por ejemplo, en Génesis 1, un capítulo que relata la obra creadora de Dios, el término *Jehová* no aparece ni una sola vez, pero sí leemos repetidas veces el término *Dios*. Dios es el Creador. El título *Jehová* aparece a partir del capítulo dos, donde se habla de la relación que Dios tiene con el hombre. El nombre *Jesús* tiene dos vocablos componentes: *Je-* se refiere a Jehová, y *-sús* denota el Salvador o la salvación. Así que, el nombre *Jesús* significa *Jehová es nuestro Salvador y llega a ser nuestra salvación*. Por lo tanto, el nombre *Jehová* denota al Dios Triuno en Su contacto y relación con el hombre. Es cierto que el candelero de oro es el Dios Triuno, pero Él se relaciona con el hombre. El Dios Triuno ha llegado a ser el candelero de oro para tener contacto con el hombre y relacionarse con él. Por tanto, este Dios Triuno —el candelero de oro, Jehová— desea tener contacto con el hombre y relacionarse con éste.

El Cordero: quita los pecados del hombre

¿Cómo puede Dios relacionarse con el hombre y tener contacto con él? El hombre es pecaminoso, en cambio Dios no tiene pecado; el hombre es malvado, pero Dios es santo. Es imposible que Él, quien no tiene pecado, se relacione con lo pecaminoso; ni tampoco es permisible que lo Santo tenga contacto con lo común. En otras palabras, no hay posibilidad que el Dios Triuno se relacione con el hombre pecaminoso a menos que sea derramada la sangre del Cordero, porque sin derramamiento de sangre no hay perdón de pecados. Por lo tanto, no es suficiente tener sólo a Jehová, sino que era necesario que Jehová llegase a ser Jesús el Cordero.

La piedra: se usa para edificar la morada de Dios

Aquí vemos una progresión. A fin de que el Dios Triuno tenga contacto con el hombre, Él debe ser Jehová; y para que Jehová pueda tener contacto con el hombre, Él debe ser el Cordero que quita nuestros pecados. Sin embargo, el hecho de que Él sea el Cordero no es la meta, sino el procedimiento. Quitar los pecados del hombre es simplemente el procedimiento, pero la meta es edificar la morada eterna de Dios. Por lo tanto, después del Cordero vemos la piedra, y dicha piedra está ligada al Cordero. El Cordero quita el pecado del hombre, y la piedra tiene grabada una inscripción (Zac. 3:19). Debido a que Él ha sido grabado, las iniquidades del pueblo de Dios son quitadas en un solo día. ¿Cuándo grabó Dios una inscripción en la piedra? Esto sucedió en la cruz. La muerte del Señor sobre la cruz, es decir, Su sufrimiento en la cruz, fue la inscripción que Dios grabó en la piedra. Sobre dicha cruz Dios grabó al Señor Jesús, lo cual alude a la muerte del Cordero y al derramamiento de Su sangre; este grabado quitó las iniquidades del mundo y del pueblo de Dios en un solo día. Es así como el Cordero está ligado a la piedra. El Cordero nos redime y la piedra se usa para edificar; por tanto, la redención está unida a la edificación. El resultado de esta progresión —el candelero, Jehová, el Cordero y la piedra— es Dios mismo.

LA PIEDRA DEL FUNDAMENTO, LA PIEDRA DEL ANGULO Y LA PIEDRA CIMERA

Espero que entiendan estos asuntos claramente. Ahora dedicaremos más tiempo, no al candelero, ni a Jehová ni al Cordero, sino a la piedra. No creo que actualmente entre los cristianos se den muchos mensajes acerca de la piedra. Zacarías 3 dice que Jehová puso una piedra delante de Josué el sumo sacerdote, y sobre esa piedra había siete ojos. Luego, el capítulo cuatro dice que Zorobabel sacaría una piedra, la piedra cimera del templo. Josué era el sacerdote, y Zorobabel, un descendiente de David, representaba la familia real, la autoridad del rey. Así que, el sacerdocio y el reinado se unieron para sacar la piedra. La piedra mencionada en 3:9 es la piedra de 4:7. La piedra mencionada en 3:9 tiene siete ojos, y la piedra en 4:7 es la piedra cimera.

Los judíos edificaban sus casas principalmente con tres clases de piedras: la piedra del fundamento, la piedra del ángulo y la piedra cimera, que era la cubierta de la casa. El techo era plano, y sobre la superficie plana estaba la piedra cimera. Primero colocaban la piedra de fundamento, luego fijaban la piedra del ángulo para unir los muros, y por último ponían la piedra cimera, encima de todas. Así, la construcción concluía cuando se colocaba la piedra cimera en la parte superior de la casa. La Biblia dice que el Señor Jesús es la piedra del fundamento, la piedra del ángulo y la piedra cimera del edificio de Dios. Cuando la piedra cimera sea fijada, el edificio de Dios se habrá edificado. Sobre la piedra cimera hay siete ojos, así como las siete lámparas no están en la base ni a la mitad del candelero sino en la parte superior. Esto significa que el Señor Jesús, quien es el material del edificio de Dios, tiene siete ojos sobre Él, no como la piedra del fundamento o como la piedra del ángulo, sino como la piedra cimera.

EL PROCESO PARA LLEGAR A SER LA PIEDRA CIMERA: LA MUERTE Y LA RESURRECCION

Una piedra pasa por un largo proceso antes de ser usada como piedra cimera; este proceso implica la muerte y la resurrección. En Mateo 21:42, el Señor Jesús dijo a los judíos que la piedra que ellos rechazaron había sido hecha por Dios la cabeza del ángulo. Y en Hechos 4:10-12, después de la resurrección del Señor, Pedro predicó el evangelio a los judíos diciéndoles que debían saber que Jesucristo, el Nazareno a quien ellos habían crucificado, había sido resucitado de entre los muertos, y que la piedra que los edificadores menospreciaron había sido hecha por Dios la cabeza del ángulo.

Mientras el Señor Jesús estuvo sobre la tierra, antes de que se le diera muerte, Él fue perseguido y rechazado por los judíos. En aquel tiempo Él era una piedra que no había resucitado, es decir, era una piedra que no había pasado por el proceso de la resurrección; por eso, las personas no podían ver mucha gloria sobre Él y sólo veían una pequeña piedra de Nazaret. Los judíos despreciaron esta piedra y no la honraron, pues la consideraron simplemente una pequeña piedra galilea de Nazaret. Por lo tanto, la desecharon e incluso la sepultaron en una tumba. Después de dicho rechazo, Dios sacó a esta piedra del sepulcro. Antes de Su crucifixión, Jesús era un pequeño Nazareno. Al respecto, la Biblia dice: "…no tiene aspecto hermoso ni majestad para que le miremos, ni apariencia para que le deseemos" (Is. 53:2b, Biblia de las Américas). Sin embargo, después de haber sido resucitado de entre los muertos, Él llegó a ser el glorioso Hijo del Hombre; esto significa que después de Su muerte y Su resurrección, Él llegó a ser la primera piedra en resurrección. Cuando fue rechazado, Él era una pequeña piedra de Nazaret; pero después de resucitar de entre los muertos, fue transformado a una condición semejante a la de Su transfiguración sobre el monte, en la cual todo Su ser fue transfigurado, Su rostro brillaba como el sol, y

Sus vestiduras eran blancas como la luz. Allí ya no se parecía a un Nazareno, quien carecía de hermosura y majestad. Cuando el Señor fue transfigurado sobre aquel monte, Pedro dijo: "Bueno es que nosotros estemos aquí" (Mt. 17:4). Aquella transfiguración era una miniatura de la resurrección del Señor. La resurrección del Señor Jesús de entre los muertos transfiguró todo Su ser. En otras palabras, aquella pequeña piedra de Nazaret llegó a ser una piedra preciosa, extraordinariamente gloriosa y resplandeciente.

BARRO, PIEDRA Y PIEDRA PRECIOSA

Primero vemos el candelero de oro y luego la piedra. Esta secuencia —el candelero de oro, Jehová, el Cordero y la piedra— tiene mucho significado. El oro no es un elemento transformado, pero las piedras preciosas sí. Cuanto más transformadas sean las piedras, más gloriosas y preciosas llegan a ser. El oro denota la divinidad del Señor, mientras que la piedra alude a Su humanidad. Según Su divinidad, El es oro, y según Su humanidad, El es piedra. Su divinidad es inmutable pero Su humanidad, la cual no era gloriosa ni resplandeciente en calidad de Nazareno antes de la muerte, después llegó a ser gloriosa, brillante y resplandeciente como piedra preciosa.

Demos un repaso tomando la piedra como figura: Cuando el Señor estaba en la carne, El era una pequeña piedra de Nazaret sin resplandor ni brillantez alguno; por eso, los judíos lo menospreciaron y lo desecharon. Ellos estimaron que El no era nada, pensando que nada bueno podía salir de Nazaret. Así que, lo rechazaron y lo sepultaron en una tumba, pero Dios lo resucitó. Esta piedra de Nazaret cambió, pero Su divinidad no sufrió cambio alguno. Entonces, ¿qué fue lo que cambió? Su humanidad. El Dios eterno no cambió, pero Jesús el Nazareno sí. La naturaleza divina es inmutable, tal como el oro puro, el cual no cambia; pero la humanidad de la cual El se había vestido sí cambió.

Originalmente nosotros no éramos piedras, sino barro. Gracias al Señor, un día fuimos salvos y el oro puro entró en nosotros. Juan 1:12 dice: "Mas a todos los que le recibieron, a los que creen en Su nombre, les dio potestad de ser hechos hijos de Dios". Desde el momento en que fuimos hechos hijos de Dios, se añadió a nosotros la naturaleza divina, la cual es oro puro. Los creyentes tenemos una porción del oro puro que nunca cambia; sin embargo, nosotros mismos somos de barro. Juan 1:42 relata que cuando Pedro vino ante el Señor, El inmediatamente le cambió el nombre. Originalmente se llamaba Simón, pero el Señor le dijo: "Tú serás llamado Cefas". El nombre *Cefas* significa *una piedra*; por eso, en realidad le dijo: "Tú eres una piedra". Creo que en aquel momento Pedro se convirtió en una piedra, pero no en una piedra preciosa. El Pedro que vemos en los evangelios no era nada precioso. Por una parte me agrada verlo, porque yo soy franco e impaciente como él; pero por otra, me disgusta verlo, porque no era precioso y apenas era una piedra. Sin embargo, la Nueva Jerusalén tiene un cimiento de doce capas de piedras preciosas, una de las cuales es Pedro. En Apocalipsis 21 vemos que Pedro cesó de ser una piedra ordinaria y se convirtió en una piedra preciosa, o sea, Pedro ciertamente cambió. Cuando Pedro vino al Señor, El lo cambió de barro a piedra; pero después de que Pedro siguió al Señor por muchos años, esta piedra llegó a ser una piedra preciosa.

Mateo 16 relata que un día el Señor Jesús llevó a Sus discípulos a la región de Cesarea de Filipo, donde el cielo estaba despejado, no como en Jerusalén donde el ambiente religioso era espeso. En Cesarea de Filipo el Señor preguntó: "Y vosotros, ¿quién decís que soy Yo?" Respondiendo Simón Pedro, dijo: "Tú eres el Cristo, el Hijo del Dios viviente". El Señor dijo que edificaría Su iglesia sobre la roca de esta revelación. Luego, el Señor Jesús dijo: "Tú eres Pedro", es decir, "Tú eres una piedra" (vs. 15-16, 18). El Señor le dijo nuevamente esto a Pedro para recordarle que él era una piedra. Originalmente Pedro era barro, pero después de conocer al Señor llegó a ser una piedra. Más tarde, Pedro dijo en su primera epístola, que el Señor es la piedra viva y nosotros venimos a El también como piedras vivas. Así como El es una piedra viva, también nosotros lo somos. Somos piedras vivas y estamos siendo edificados como casa espiritual, un sacerdocio santo.

Actualmente algunos en el cristianismo afirman ser la iglesia. Pienso que ellos consideran que "la iglesia" es un grupo de personas que han sido bautizadas en el nombre de

Jesús y que han llegado a formar una organización cristiana. Sin embargo, debemos ver que eso no es la iglesia. ¿Qué es la iglesia? La iglesia es un grupo de personas de lodo, de barro, que han recibido una nueva naturaleza mediante el nuevo nacimiento y que han sido hechas personas de piedra; no obstante, estas personas todavía tienen que ser transformadas a piedras preciosas.

Me doy cuenta que muchos de los jóvenes buscan al Señor. Permítanme preguntarles esto: ¿Eran ustedes barro antes de ser salvos? Sí, ustedes eran barro. Pero un día fueron salvos, y el oro puro entró en ustedes; sin embargo, los demás aún no podían ver en ustedes mucha piedra. Quizás ha habido en ustedes poca transformación y se les ha añadido una pequeña cantidad de piedra, pero que apenas se puede observar. No obstante, poco a poco otros podrán ver una pequeña piedra. Hace unos años vine a Taiwan y vi que algunas de estas "piedras pequeñas" no eran tan malas, pero tampoco eran preciosas. Sin embargo, esta vez he notado que al menos algunos de entre los jóvenes han comenzado a ser piedras preciosas. Esto significa que se puede ver en ellos no sólo piedra, sino también piedra preciosa.

EDIFICAR LA IGLESIA CON PIEDRAS PRECIOSAS

En 1 Corintios 3:12 Pablo dice que debemos edificar con oro, plata y piedras preciosas sobre Cristo como fundamento. El no habla meramente de piedras sino de piedras preciosas. Debemos ver que la consumación máxima de la iglesia es la Nueva Jerusalén. En la Nueva Jerusalén no hay barro, ni siquiera hay piedras, sino solamente piedras preciosas. Ser una piedra no es suficiente; la piedra debe ser preciosa. Esto no se trata sólo de un asunto doctrinal, pues actualmente el Señor necesita obtener una iglesia de piedras preciosas. El Señor no quiere madera, heno ni hojarasca; lo que El busca es oro, plata y piedras preciosas.

Si consideramos la Nueva Jerusalén detalladamente, veremos que el oro puro no se usa principalmente para el edificio, sino para la base de la ciudad. Apocalipsis 21 dice que la calle de la ciudad es de oro puro (v. 21b). Esto no quiere decir que la calle esté pavimentada de oro, sino que la base de la Nueva

Jerusalén es un monte de oro. Todo el monte es oro puro; por lo tanto, estrictamente hablando, el oro no se usa para la edificación. Entonces, ¿qué se usa para el edificio? Las piedras preciosas. La edificación se centra principalmente en el muro, el cual es edificado con piedras preciosas. Todos los que hemos sido salvos tenemos oro puro en nosotros. Los hermanos y hermanas que fueron salvos en las denominaciones también tienen oro puro en ellos; además, las personas que fueron genuinamente salvas en la Iglesia Católica también tienen oro puro. Sin embargo, debemos ver que muchos que están en la Iglesia Católica y en las denominaciones protestantes no están siendo edificados con los que aman al Señor, pues la edificación no depende del oro sino de las piedras preciosas.

Hemos sido salvos y, por ende, tenemos oro en nosotros. Si el elemento de Dios aumenta en nosotros, tendremos más "oro" en nuestro ser; esto no es transformación sino adición. Ya sea que seamos barro, piedras o piedras preciosas, no debemos ocuparnos en la adición, sino en la transformación. El oro en nosotros ciertamente debe aumentar, pero sobre todo debemos ser transformados, porque no somos más que pedazos de barro y de piedra. En la actualidad los cristianos en general no tienen la realidad de la iglesia, es decir, son la iglesia solamente de nombre pero no en realidad. ¿Dónde está la realidad de la iglesia? La realidad de la iglesia está en el oro y en las piedras preciosas. El oro debe aumentar, y las piedras deben ser transformadas.

El conjunto final del candelero de oro equivale a la iglesia, y la iglesia es la réplica del candelero de oro. El candelero de oro es primero oro puro y después, piedras preciosas. La iglesia primero debe tener el oro puro y luego las piedras preciosas. Hay escasez de oro puro entre los cristianos. Es posible que conozcamos a un cristiano denominacional, y a pesar de que ha sido salvo, necesitamos más de tres horas antes de tocar un pequeño fragmento del oro en él. A menos de que entablemos contacto con él por bastante tiempo, no estaríamos ni siquiera seguros de que tenga la vida de Dios. ¿Cómo puede esa pizca de oro ser suficiente para edificar la iglesia y la Nueva Jerusalén? Realmente no es suficiente. No obstante, al visitar algunas iglesias en el recobro del Señor, aunque veo el oro puro, no veo

CRISTO ES LA PIEDRA CIMERA DEL EDIFICIO DE DIOS 41

mucha piedra; más bien, veo mucho barro y fango. Si no hay piedras, ¿cómo puede ser edificada la iglesia? Quiero hablarles una palabra sincera, hermanos y hermanas: no debemos seguir siendo los mismos al pasar los años. Es necesario que sean producidas las piedras y las piedras preciosas. No sólo debemos lavar el lodo, sino también ser transformados de barro a piedra. El lodo debe ser lavado, pero el barro debe ser transformado. Debemos ver que la iglesia primero es un candelero, luego una piedra y por último una piedra preciosa.

HACER LA OBRA QUE PRODUZCA PIEDRAS PRECIOSAS

El Señor no me ha enviado a halagar ni a ofender a las personas, sino a ministrarles vida y a quemarles con las siete lámparas de fuego, a fin de secar el lodo, cambiar el barro a piedras y transformar las piedras a piedras preciosas. No debemos llevar a cabo una obra ambigua que produzca un gran "montón de barro", donde no hay piedras ni piedras preciosas. Espero que la generación joven que está entre nosotros se levante, pues el Señor desea obtener la iglesia. No tuve la carga de venir a Taiwan simplemente a dar mensajes, sino que esta vez vine para incomodarles. Por muchos años hemos dado mensajes semana tras semana; sin embargo, no se ha producido ni una piedra. ¿Debemos seguir dando mensajes? No es tiempo de dar mensajes, sino de lavar el lodo, cambiar el barro a piedras y transformar las piedras a piedras preciosas. El oro puro debe aumentar en nosotros, el barro debe ser transformado, e incluso las piedras deben ser transformadas a piedras preciosas.

Aquel que edifique sobre el fundamento, mire cómo sobreedifica: ya sea con oro, plata y piedras preciosas o con madera, heno y hojarasca. Si edificamos con madera, heno y hojarasca, cuanto más laboremos, más combustible produciremos para que el fuego arda; entonces, sería mejor obrar menos. Más bien, debemos producir piedras preciosas. No debemos ir a la deriva. ¡No nos queda tiempo para eso! El regreso del Señor está muy cerca. Debemos tomar la carga seriamente: si tenemos lodo, debemos vaciarlo; si tenemos barro, debemos transformarlo a piedras y a piedras preciosas. Gracias al Señor que el candelero primero es oro puro y luego una piedra. Recordemos que cuando hablamos de la piedra, no nos referimos simplemente a la redención que recibimos del Cordero. Al hablar de la piedra, nos referimos a la piedra cimera. Esta piedra ha sido puesta en la parte superior del templo, indicando que la edificación ha sido terminada. Por lo tanto, todos podemos gritar: "¡Gracia, Gracia a ella!" (Zac. 4:7). Sólo sobre esta piedra puede haber gracia.

Debemos volvernos al Señor porque no queda mucho tiempo. Hoy la luz se ha intensificado en el recobro del Señor, así que nadie debe andar ciegamente ni ir a la deriva. Todos debemos ver con claridad. Hacer algo sólo por hacerlo no tiene ningún sentido, y no hay valor alguno en seguir una simple rutina sin tener la realidad. Debemos hacer la obra que produzca piedras preciosas. Ciertamente debemos guiar a otros a que sean salvos, pero esto no es suficiente. Además, debemos entender que nuestra obra también consiste en infundir vida en las personas, infusión tras infusión, a fin de que el barro se convierta en piedras, y estas piedras lleguen a ser piedras preciosas. Esta es la edificación que el Señor quiere obtener.

Capitulo cuatro

LAS SIETE LAMPARAS DE FUEGO FOMENTAN EL MOVER DE DIOS

Lectura bíblica: Ex. 25:37; 27:20-21; 30:7-8; Ap. 4:5; 1:4; Sal. 73:17

Hemos visto varios aspectos del candelero de oro: el Dios Triuno, la relación que Dios tiene con el hombre, la redención que el Cordero efectuó, Cristo como material del edificio de Dios y Dios mismo. Si no tenemos el debido conocimiento de estos aspectos, nunca veremos claramente la iglesia. A fin de tener un entendimiento cabal de la iglesia, debemos comprender que la iglesia está ligada con el Dios Triuno, con la relación de Dios y el hombre, con la obra redentora de Cristo y con el edificio de Dios. Finalmente, todo esto se refiere a Dios mismo.

A lo largo de los siglos, el pueblo de Dios sólo ha obtenido un entendimiento fragmentado y parcial acerca de la iglesia, pues no ha recibido de Dios la luz para ver que la iglesia es algo completamente relacionado con el candelero de oro. Desde el pasado hasta el presente, lo que muchos cristianos, teólogos y maestros de la Biblia entienden con respecto al candelero de oro no va más allá de la revelación concerniente a Cristo. Ellos sólo saben que el candelero de oro es Cristo, pero no estudian el libro de Zacarías para ver que el candelero también se refiere al Espíritu Santo, ni tampoco ven en Apocalipsis que el destino final del candelero es la iglesia. Estrictamente hablando, el candelero de oro es el testimonio de Dios manifestado en el universo, el cual comienza con Cristo, pasa por el Espíritu y se expresa por medio de la iglesia. De hecho, hay muchos asuntos importantes que están relacionados con el candelero: el Dios Triuno, la relación que Dios tiene con el hombre (indicado por el nombre *Jehová*), la redención que Cristo efectuó y el edificio de Dios. Todos están incluidos en dicho testimonio, y finalmente, Dios mismo se manifiesta como el todo en todo. Dios es Su propio testimonio, y el testimonio de Dios es El mismo. No debemos olvidar esta secuencia: el candelero de oro, Jehová, el Cordero, la piedra y Dios mismo.

LAS SIETE LAMPARAS DEL CANDELERO SON LAS SIETE LAMPARAS DELANTE DEL TRONO DE DIOS

Ahora veamos las siete lámparas, que son una parte fundamental del candelero de oro. La función principal del candelero de oro es iluminar, lo cual se lleva a cabo por medio de las siete lámparas. Este asunto no es sencillo. No entenderemos mucho si sólo leemos Exodo 25, pues allí sólo vemos un candelero de oro sobre el cual hay siete lámparas resplandecientes: hay una caña en el centro, de la cual salen seis brazos de sus dos lados, tres a cada lado, y los brazos de ambos lados se iluminan entre sí.

Apocalipsis 1:4 dice: "...de parte de Aquel que es y que era y que ha de venir, y de los siete Espíritus que están delante de Su trono". El trono de Dios está presente desde el principio del libro de Apocalipsis. En el universo Dios tiene un centro de administración, el cual es Su trono. Apocalipsis 4:5 dice que del trono salían relámpagos, voces y truenos. Los relámpagos, las voces y los truenos son una señal, un símbolo, que significa que Dios administra y opera desde Su trono para ejecutar Su plan eterno. El trono de Dios es el centro de Su administración, y sobre Su trono El ejecuta Su plan y propósito eternos. Esta es la manera en que Dios lleva a cabo Su mover, administración, gobierno, economía y operación eterna. El versículo 5 también dice que "los siete Espíritus de Dios" son "las siete lámparas de fuego" que arden delante del trono. La Biblia habla de modo preciso y sin exceso de palabras. Las siete lámparas del candelero de oro son las siete lámparas de fuego que arden delante del trono de Dios. Esto significa que las siete lámparas están relacionadas con la administración de Dios, Su mover y Su economía; o sea, el mover de Dios depende de estas siete lámparas.

LA UNICA LUZ DEL TABERNACULO ES LA DEL CANDELERO

Debemos invertir tiempo a fin de profundizar en este tema. El candelero se hallaba en el tabernáculo, en el cual no había puerta ni ventana. No había abertura arriba ni abajo, ni a la izquierda ni a la derecha, ni al frente ni atrás. Unicamente había una abertura a la entrada del tabernáculo, la cual estaba cubierta por un velo o cortina. Hoy sería insensato construir una casa sin ventanas ni puertas, pero Dios admirablemente edificó una morada, el tabernáculo, sin ventanas ni puertas; sólo había una cortina colgada en la entrada, como velo, que impedía que la luz entrara. Por lo tanto, dentro del tabernáculo estaba oscuro, pues éste no recibía luz del sol ni de la luna; no obstante, en el Lugar Santo había un candelero de oro que no sólo tenía una lámpara, sino siete lámparas que brillaban e iluminaban.

Tanto el sol como la luna proveen luz natural para que veamos lo que pertenece a la naturaleza, tal como las montañas, los ríos, las flores, el pasto, los árboles y los animales; sin embargo, esta luz natural no nos ayuda a conocer la administración de Dios, ni Su economía ni Su propósito eterno. A fin de conocer la administración de Dios y Su economía, se requiere tener la luz del candelero de oro. Cuando entramos en la esfera de la presencia de Dios, no hay otra luz que la del candelero de oro. Fuera de la presencia de Dios recibimos la luz del sol y de la luna y tenemos una perspectiva natural, pero así nunca podremos recibir la visión de la economía de Dios y Su administración. Por ejemplo, un profesor universitario puede haber obtenido tres doctorados y haber enseñado por treinta años; siempre que se habla de la ciencia, la literatura o la filosofía, la "luna" de dicho profesor crece más y su "sol" irradia la luz de su conocimiento. Sin embargo, dicha luz es simplemente "luz del sol" y "luz de la luna", es decir, "luz natural". El entenderá de ciencia, literatura y filosofía, pero sus ojos están cegados en cuanto a la esfera de la presencia de Dios, pues permanece ajeno a la administración de Dios y Su economía, sin saber nada al respecto. En cambio, algunos de los jóvenes que sólo han estado en la iglesia por dos o tres años ya conocen la economía eterna de Dios, o sea, conocen la "asignatura" de la economía divina. Esto no es algo insignificante. Los profesores de la universidad sólo conocen lo que pertenece a su campo de investigación, pero tienen los ojos completamente cegados en cuanto a la esfera de la presencia de Dios. Sin embargo, nosotros conocemos la economía de Dios, Su administración y las dispensaciones incluidas en dicha administración.

No olvidemos que, en la esfera de la presencia de Dios, la luz no proviene del sol ni de la luna, sino del candelero de oro. La luz del candelero de oro es la luz de la administración de Dios. Aunque el tabernáculo es pequeño, el propiciatorio que se halla ahí es el trono de Dios. El trono de Dios está en el tabernáculo, y delante del trono arden siete lámparas resplandecientes. Al entrar en el tabernáculo no podemos hacer nada sin estas siete lámparas resplandecientes, porque sin ellas no vemos nada. Cuando un sacerdote entraba en el tabernáculo, sus actividades dependían de la iluminación de estas siete lámparas. La luz de las siete lámparas brillantes alumbraban todas las actividades de los sacerdotes en el tabernáculo. Esta es la manera en que opera la administración de Dios, Su gobierno y Su economía.

LA LUZ DEL CANDELERO CAPACITA AL HOMBRE PARA ENTENDER LA ADMINISTRACION DE DIOS Y SU ECONOMIA

Debe impresionarnos profundamente el hecho de que el candelero de oro, así como también el tabernáculo, es la iglesia; esto significa que la iluminación se halla únicamente en la iglesia. Fuera de la iglesia ciertamente está la luz del "sol" y de la "luna", pero no la luz del candelero de oro. Fuera de la iglesia tenemos la perspectiva natural, pero no la luz de la revelación que proviene únicamente del candelero de Dios. Por esta razón, no sólo los inconversos sino incluso muchos cristianos no saben qué es la economía de Dios y Su administración. Esto se debe a que ellos no están en el Lugar Santo; no están delante del trono de Dios ni bajo el resplandor de las siete lámparas. La iluminación de las siete lámparas se encuentra en el Lugar Santo. Repito: el candelero de oro es la iglesia, y el tabernáculo también es la iglesia; esto significa que la luz del candelero está en la iglesia.

Permítanme darles un pequeño testimonio. Yo fui salvo en el cristianismo tradicional. En aquel tiempo, únicamente me enseñaron que yo era un pecador y que podía ir al cielo si creía en el Señor. Más tarde, me reuní con la Asamblea de los Hermanos y aprendí la Biblia. Llegué a tener mucho conocimiento sobre ella, pero aun así no aprendí nada acerca de la economía de Dios y Su administración, pues los Hermanos no tenían luz acerca de esto. Ellos enseñaban que debemos obedecer la voluntad de Dios en todo detalle; por ejemplo, los niños deben intentar, lo mejor que puedan, buscar la voluntad de Dios para que sepan cómo obedecer a sus padres. Además, enseñaban que cuando los jóvenes estén a punto de ingresar a la preparatoria, también debían buscar la voluntad de Dios. Tal vez haya varias preparatorias en su ciudad, así que deben orar buscando la voluntad de Dios para decidir a cuál de ellas deben asistir. Con el tiempo, cuando lleguen a la edad de casarse, deben orar: "Oh Señor, te pido que me hagas saber claramente cuál es la compañera que Tú me das. ¿Es ella de la familia Lee, Chang, Wang o Liu?" También me enseñaron a orar cuando compraba un par de zapatos: "Oh Señor, quieres que compre unos zapatos de tela o de piel? ¿Qué clase de zapatos quieres que use conforme a Tu voluntad?" En aquel tiempo, pensaba que era muy bueno y significativo orar para preguntarle a Dios concerniente a Su voluntad a fin de escoger una escuela, seleccionar una esposa y aun comprar un par de zapatos. Gracias al Señor que más tarde El me trajo a la iglesia. El primer día que llegué a la iglesia, vi la luz. No era la luz del sol ni de la luna, sino la luz de las siete lámparas del candelero de oro. Lo que vi no estaba relacionado con comprar zapatos de piel o de tela, ni con decidir entre las familias Lee, Chang o Liu. En lugar de eso, vi el propósito eterno de Dios; vi la administración eterna de Dios y Su economía. ¡Esa fue una visión tremenda! Después de recibir esta visión, comprendí que puedo usar zapatos de piel o de tela, con tal que sean apropiados. La voluntad de Dios no es un asunto de decidir entre zapatos de tela o de piel, sino que se relaciona directamente con Su administración, Su economía.

Hermanos y hermanas, si no creen lo que les digo, abandonen las iglesias del recobro del Señor, reúnanse en una denominación y traten de ver si son capaces de permanecer allí por medio año. Puedo garantizarles que en esa situación, cuanto más vayan al servicio dominical, más espesos se volverán los velos de ustedes y más confusos estarán. No recibirán ni siquiera un poco de luz. En cambio, muchos pueden testificar que tan pronto como entraron a las reuniones de la iglesia, la luz brilló, su mente fue iluminada y recibieron entendimiento, no acerca de usar zapatos de tela o de piel, sino respecto a la administración de Dios y Su economía. Vieron que el trono de Dios está aquí y que hay siete lámparas de fuego ardiendo delante del trono. ¿Qué clase de luz es ésta? No es la luz del cielo, la luz natural, sino la luz del Lugar Santo.

LA LUZ DEL LUGAR SANTO ESTA EN LA IGLESIA

Espero que usemos la expresión: "la luz del Lugar Santo". La luz del candelero de oro es la luz del Lugar Santo, no la luz del cielo ni del sol ni de la luna, ni algo natural. La luz del Lugar Santo procede del aceite de oliva que arde en el candelero de oro. Hoy el Lugar Santo es la iglesia. En otras palabras, la iglesia es el candelero y también el Lugar Santo. El hecho de que el candelero esté en el Lugar Santo significa que la iglesia está en la iglesia; esto resulta ser una frase peculiar, pero podemos confirmarlo con nuestra experiencia. El Salmo 73 relata que el salmista vio una situación que lo confundió y que no pudo comprender. Cuanto más veía esa situación, más confuso estaba; cuanto más la analizaba, menos la entendía. Finalmente dijo: "Cuando pensé para saber esto, fue duro trabajo para mí, hasta que entrando en el santuario de Dios, comprendí el fin de ellos" (vs. 16-17). Este pasaje muestra que él entendió cuando entró en el santuario, en el Lugar Santo. De igual manera, muchos de nosotros podemos testificar: "Una vez que entré en la iglesia, entendí". A menudo enfrentamos problemas y permanecemos perplejos después de examinarlos por largo tiempo; no obstante, una vez que vamos a las reuniones, inmediatamente lo entendemos todo. ¿Ha tenido usted esta experiencia? Puedo testificar que en miles de ocasiones he estado bajo presión, confuso, casi perdido y sin entendimiento, pero cuando iba a las reuniones, entendía todo plenamente. ¿A qué se debe esto? Se debe a que en el Lugar Santo está la iluminación de las siete lámparas.

Actualmente en ciertos lugares, especialmente en los Estados Unidos, algunas personas se molestan cuando nos oyen afirmar que somos la iglesia. Proclamamos abiertamente que somos la iglesia en Anaheim, somos la iglesia en Los Angeles, y somos la iglesia en San Francisco. Tal declaración punza los oídos de muchos que están en las denominaciones. Ellos dicen: "¿Acaso no adoramos también nosotros a Dios? ¿No creemos en el Señor Jesús? ¿No tenemos la Biblia? ¿No oramos? ¿No dependemos de la sangre preciosa de Cristo? ¿Por qué han de ser ustedes la iglesia y nosotros no?" No queremos debatir acerca de esto, pues el hecho de que seamos o no la iglesia, no depende de ningún argumento. Por ejemplo, yo soy Witness Lee, pero otra persona puede decir: "¿Sólo usted es Witness Lee? ¿No soy yo también Witness Lee?" A pesar de que él discuta acaloradamente y se enoje, yo seguiré siendo Witness Lee, y él simplemente no lo será. Si uno es algo, sencillamente lo es, y si no lo es, simplemente no lo es. No tiene caso argüir. Del mismo modo, las denominaciones dicen ser la iglesia; sin embargo, las personas que van allí se confunden. Incluso si ellos colgaran un letrero que dijera: "Somos la iglesia", las personas que asisten allí saben que ese lugar está completamente oscuro y que no hay luz. Ni la iglesia en Anaheim ni la iglesia en Los Angeles tiene un letrero que diga: "Somos la iglesia", pero cientos de personas que han venido a estas iglesias, han dicho: "¡Ahora entiendo!" Una vez que asisten a las reuniones de la iglesia, ven la luz. El factor decisivo para afirmar que un grupo de creyentes sea la iglesia consiste en que esté allí el candelero y que la luz brille en las reuniones. No es cuestión de reclamar ser la iglesia, sino de que las personas verdaderamente toquen la luz en las reuniones.

Quizás en cierto lugar haya un predicador nato, que por nacimiento tenga una gran elocuencia, una voz sonora y una enunciación excelente. Además, predica de manera clara y lógica, y menciona en todo momento las Escrituras. Todo esto es atractivo y placentero para la audiencia, como música a sus oídos. Pero aunque las personas sean conmovidas al escucharlo, es posible que no reciban luz ni visión alguna. Por el contrario, en las reuniones de la iglesia quizás un hermano no sólo hable tartamudeando sin presentar el tema claramente, sino que las personas también tienen dificultad en escucharlo; no obstante, la luz está allí y los ilumina intensamente. La elocuencia es una cosa, pero la luz es otra.

Confío en que muchos de nosotros hemos tenido esta experiencia. Cuando vamos a las reuniones de la iglesia, aun antes de leer la Biblia, ¡en el instante en que nos sentamos, somos iluminados! ¡Tenemos claridad! No sólo entendemos claramente si debemos usar zapatos de piel o de tela, sino que además recibimos luz con respecto al curso que debemos seguir en nuestra vida. Por lo tanto, el hecho de ser o no la iglesia, no depende de la elocuencia, de un discurso conmovedor, ni de gran sabiduría o enseñanzas, sino de que estén presentes las siete lámparas resplandecientes. Esta no es una luz fabricada por el hombre, ni la luz del sol ni de la luna, sino la luz de las siete lámparas del candelero que está en el Lugar Santo. En la actualidad, no sólo los cristianos típicos sino incluso muchos pastores, predicadores y profesores de seminarios bíblicos, no conocen el significado de la vida humana ni entienden la administración de Dios y Su economía. Sin embargo, puedo garantizarles que al entrar en la esfera de la iglesia, al sentarnos en las reuniones, ciertamente tendremos claridad en nuestro interior. Entenderemos qué es la vida humana y conoceremos la voluntad de Dios. Conoceremos no sólo la economía de Dios, sino también la era en la que estamos hoy. Esto se debe a la luz que brilla en el Lugar Santo.

Valoro mucho esta expresión: ¡*la luz en el Lugar Santo*! "Cuando pensaba, tratando de entender esto, fue difícil para mí, hasta que entré en el santuario de Dios; entonces comprendí el fin de ellos" (Sal. 73:16-17, Biblia de las Américas). Al entrar en el Lugar Santo, entendemos. Esto se debe a que en el Lugar Santo está el trono, Aquél que se sienta en el trono y la presencia misma de Dios; y delante del trono de Dios resplandecen las siete lámparas de fuego que arden. Al entrar en esta esfera, inmediatamente entendemos el propósito eterno de Dios, Su beneplácito y Su economía, así como también sabemos qué camino seguir en la jornada puesta ante nosotros. Esto se debe a la luz que está en el Lugar Santo.

LA LUZ DEL CANDELERO SE BASA EN LA FORTALEZA DEL SERVICIO SACERDOTAL

No obstante, perdónenme por decir que en algunas iglesias locales la luz no brilla resplandecientemente. No digo que no haya luz, pero ésta es muy escasa. En 1 Samuel 3 vemos que el joven Samuel ministraba a Jehová en presencia de Eli "antes que la lámpara de Dios fuese apagada" (v. 3). Esto significa que la lámpara estaba a punto de apagarse porque el viejo Eli, el sacerdote, era ya muy débil. Exodo afirma que los sacerdotes encendían las lámparas del Lugar Santo. Ellos quemaban el incienso cuando preparaban las lámparas por la mañana y cuando las encendían por la noche. Quemar el incienso es orar. Las lámparas de una iglesia local brillarán si los sacerdotes queman el incienso delante de Dios. La razón por la cual las lámparas no resplandecen se debe a que está ausente el servicio, el sacerdocio, y no se quema el incienso. Aunque el Lugar Santo y el candelero son reales, el ministerio sacerdotal puede estar debilitado, como en el caso de Eli. Actualmente en algunas iglesias locales la luz no brilla en el Lugar Santo porque los sacerdotes son muy débiles. El servicio sacerdotal determina si la luz de las lámparas es resplandeciente o no.

En esta conferencia se hallan muchas personas de diferentes iglesias locales. No importa si ustedes son hermanos que toman la delantera o no, ni importa de dónde hayan venido, ustedes tienen una gran responsabilidad sobre sus hombros. Es imperativo que regresen a sus localidades a quemar el incienso y a encender las lámparas. Deben intensificar el resplandor de las lámparas en las iglesias locales, para que cuando las personas vayan a las reuniones, sientan que están llenas de luz y que es imposible ocultar algo bajo dicha luz. Es decir, bajo la luz nada puede esconderse ni ocultarse. Toda iglesia local debe ser tan resplandeciente que la condición de las personas sea puesta de manifiesto a tal grado que digan: "En verdad Dios está entre ustedes, pues mis secretos han sido revelados por el resplandor de la luz. Esta luz es más penetrante que los rayos-X". Así debe ser la iglesia. La iglesia es el Lugar Santo, la iglesia es el candelero y la iglesia es el candelero en el Lugar Santo. Además, en la iglesia también se halla el sacerdocio que quema el incienso. No piense que al hablar del sacerdocio me estoy refiriendo a los ancianos. No, cada uno de nosotros participamos en el sacerdocio. Todos somos reyes y sacerdotes, y tenemos que aprender a cumplir nuestra comisión de quemar el incienso. Al encender las lámparas, tenemos que quemar el incienso. ¿Está brillando la luz en la iglesia local donde nos reunimos? Debemos quemar el incienso al prender las lámparas. Al encender las lámparas por la noche, debemos quemar el incienso, y al preparar las lámparas por la mañana, también debemos quemar el incienso. Esto significa que debemos orar por la noche y por la mañana para que la luz de Dios brille intensamente en nosotros. La luz debe ser tan resplandeciente que dicha iluminación llegue a ser el mover de Dios, Su administración, Su gobierno en el universo y Su economía sobre la tierra hoy. Esto no es algo insignificante.

Si nuestra conferencia fuera sólo una reunión de personas del cristianismo, sería un gran fracaso. Debemos entender claramente que esta conferencia es el resplandor de la luz, y que dicho resplandor es el mover de Dios, Su administración; ésta es la economía de Dios sobre la tierra hoy. Es maravilloso que en este tiempo veamos nuestros errores y fracasos pasados. Damos gracias a Dios por ello, ya que la visitación de Dios es la que nos permite ver; sin embargo, si eso fuera lo único que sucede, esta conferencia sería un fracaso. Espero que todos, jóvenes y viejos, digamos: "Estoy bajo el resplandor de esta gran luz. En esta conferencia he llegado a entender el significado de la vida humana y el propósito eterno de Dios, y he llegado a conocer la iglesia, la economía de Dios". Ese debe ser el resultado. Esta conferencia debe introducirnos al Lugar Santo, a fin de que todos estemos bajo la iluminación de la luz del candelero. Bajo esta luz entendemos cuál es el camino establecido por Dios. Hoy, a pesar de que muchos predican, desconocen qué es la economía de Dios. Aunque muchos misioneros occidentales predican la Palabra todos los días, siguen confusos con respecto a la manera en que Dios opera, y se preguntan cómo deben andar para seguir el camino establecido por Dios. Sin embargo, muchos podemos testificar que al llegar a la iglesia, inmediatamente vimos que la luz de Dios se encuentra aquí, y llegamos a conocer la economía de Dios y Su camino.

DONDE ESTE LA IGLESIA, ALLI ESTA EL CANDELERO

Apocalipsis 1 dice que Juan, estando en el espíritu, oyó una gran voz que decía: "Escribe en un libro lo que ves, y envíalo a las siete iglesias: a Efeso, a Esmirna, a Pérgamo, a Tiatira, a Sardis, a Filadelfia y a Laodicea" (v. 11). Después de escuchar la voz, Juan dijo: "Y me volví para ver la voz que hablaba conmigo; y vuelto, vi siete candeleros de oro, y en medio de los candeleros, a uno semejante al Hijo del Hombre" (vs. 12-13). Quisiera hacerles una pregunta difícil: ¿Están los siete candeleros en el cielo o en la tierra? A lo largo de la historia los maestros de la Biblia han tenido opiniones divididas al respecto: unos afirman que los candeleros están en los cielos, mientras que otros aseguran que dichos candeleros están en la tierra. Ambos grupos tienen sus razones y argumentos. Sin embargo, los siete candeleros no están ni en los cielos ni en la tierra, pues están dondequiera que la iglesia esté. Con respecto a la iglesia no hay diferencia entre el cielo y la tierra. Antes de que fuéramos salvos, había una diferencia entre los cielos y la tierra, pero desde que fuimos salvos, ya no importan ni los cielos ni la tierra. Quizás esto les parezca raro, pero es la realidad. Para aquellos que realmente viven en la iglesia, no hay diferencia entre los cielos y la tierra.

Dondequiera que esté la iglesia, allí está la morada de Dios. Además, dondequiera que esté la iglesia, allí están el candelero y el tabernáculo. La iglesia es el tabernáculo y el candelero y, como tal, no es asunto de un lugar. Por lo tanto, al leer Apocalipsis 1 no debemos perder el tiempo estudiando si los siete candeleros de oro están en el cielo o en la tierra. Estos siete candeleros de oro son las iglesias. Así que, donde esté la iglesia, allí estarán el Señor Jesús, la morada de Dios, el candelero y el Lugar Santo. Por una parte, la iglesia no está en los cielos ni en la tierra, pero por otra, sí lo está. La iglesia puede estar en todo lugar. No es una cuestión de los cielos ni de la tierra, sino de la iglesia. Por ejemplo, a todos nos gusta el salón de reunión recién construido en la calle Jen-Ai, pero ese local no es la iglesia; más bien, nosotros somos la iglesia. Si nosotros no estamos en el salón de reunión en la calle Jen-Ai, allí no habrá luz ni candelero; allí habrá sólo un edificio hecho de cemento armado, pero no estará presente el tabernáculo. No obstante, si nosotros estamos allí, también estarán presentes el tabernáculo, el candelero y la morada de Dios. Si pudiésemos flotar en el aire, entonces el candelero y la morada de Dios también flotarían en el aire. Este no es un asunto de los cielos ni de la tierra, sino de la iglesia. Donde esté la iglesia, allí estará la morada de Dios.

LAS SIETE LAMPARAS DE FUEGO FOMENTAN EL MOVER DE DIOS

Ahora quisiéramos considerar la iluminación de las siete lámparas. Hay en mí esta gran carga, y ¡espero que pueda transmitírselas! Estas siete lámparas son lámparas de fuego que arden delante del trono; no son luces tenues, sino lámparas de fuego que arden. Primero las lámparas nos iluminan, pero luego nos queman. Podríamos decir que las siete lámparas de fuego nos iluminan hasta el punto que no podemos ocultar nuestra condición interior; en otras palabras, nuestra condición queda completamente descubierta y se pone de manifiesto si somos genuinos o falsos. Podemos fingir delante de nuestro esposo, esposa u otras personas, pero no hay manera de fingir ante las lámparas de fuego, porque éstas nos iluminan por completo. Ciertamente existe este aspecto de las lámparas de fuego. Quizás otros dirían que las lámparas de fuego que arden indican que somos fervientes en el espíritu. Sí, es correcto decir que todos ardemos cuando somos fervientes en nuestro espíritu. Sin embargo, según Apocalipsis 4, ni el resplandor ni el fervor son el aspecto principal de las siete lámparas de fuego que arden.

Quizás algunos de los que escuchen esta palabra me recordarán que hace seis o siete años dije que las lámparas de fuego tienen como fin quemarnos e iluminarnos para que seamos fervientes. Parecería que ahora contradigo lo que dije anteriormente. Podemos comparar esto con la cabeza de un hombre: si la vemos desde atrás, no hay orificios; pero si la vemos de frente, vemos cinco orificios; y si la vemos de lado, hay un solo orificio. Ciertamente las tres descripciones son correctas. De la misma manera, toda verdad tiene varios aspectos. En cierta ocasión un hermano me escribió preguntando: "En el estudio-vida de Romanos usted dijo que la ley es el testimonio completo de Dios y, como tal, testifica de El plenamente. Sin embargo, en otra ocasión usted dijo que debemos poner la ley a un lado. ¿No se está contradiciendo?" Mi respuesta es: Para con Dios, la ley funciona como testimonio; sin embargo, en cuanto a la relación que Dios tiene con el hombre, la ley sólo tuvo su uso en la era del Antiguo Testamento. El principio de la ley ha sido abolido en la era neotestamentaria; no obstante, la moralidad de la ley no ha sido abolida, pues la norma de moralidad fue elevada por el Señor Jesús en Mateo 5. Así que, hay varios aspectos en cuanto a la ley, y la palabra "ley" no abarca todos los aspectos. En cuanto a su función, la ley testifica de Dios, pero en cuanto a su principio, no debemos aplicarla. Una vez que aplicamos la ley, ésta nos mata. Actualmente vivimos por fe. Por una parte, la moralidad de la ley ha sido elevada; pero por otra, las ordenanzas de la ley han sido abolidas. Esto demuestra que cada verdad tiene diferentes aspectos. Es cierto que las siete lámparas de fuego iluminan y queman; sin embargo, hay otro aspecto que debemos conocer: las siete lámparas de fuego que arden fomentan el mover de Dios respecto a Su administración. El mover de Dios no es sólo un resplandor o un fuego.

Después de esta conferencia, los hermanos y hermanas jóvenes de Taipei regresarán a sus casas y podrían decir: "Quedamos agotados en estos últimos diez días. Ahora podemos dormir". Asimismo, los hermanos de otros países del sudeste de Asia podrían decir: "¡Oh, en Taipei fuimos reprendidos por el hermano Lee! ¡Olvidémonos de ello y descansemos!" Quizás otros hermanos podrían tener una mejor actitud al regresar, diciendo: "¡Agradezco al Señor! La conferencia fue excepcional y realmente recibí ayuda. Antes no tenía ningún sentir que me restringiera cuando reprendía a mi esposa; pero ahora, debido a que el hermano Lee dijo que había una luz siete veces intensificada, no me atrevo a reprenderla. A partir de hoy tengo que ser un buen esposo, pues no soporto la iluminación". Todas estas reacciones no son causadas por el fuego de las siete lámparas que arden. Entonces, ¿qué resultado debe producir el fuego de las siete lámparas? Que después de esta conferencia, los jóvenes vayan a los diferentes pueblos y villas en Taiwan a establecer iglesias y vayan a las escuelas de las grandes ciudades a ganar más jóvenes.

Cuando volví a Taiwan hace diez años, dije claramente: "Deben abrir los ojos. No se entretengan tanto en las actividades externas; antes bien, dedíquense a laborar con los jóvenes de escuela secundaria. Deben también laborar con los niños, hasta que cada semana enseñemos por lo menos a diez mil niños. De aquí a diez años, los niños de seis o siete años asistirán a la escuela secundaria. Si están dispuestos a hacer esto, definitivamente triunfarán". En aquel entonces los hermanos me dijeron que había veintitrés mil nombres en la lista de la iglesia en Taipei, incluyendo al menos ocho mil hogares. Si cada familia tiene uno o dos niños, debe de haber unos doce mil niños. Cuando me consultaron acerca de un lugar de reunión para los niños, dije: "No hay necesidad de ir al salón de reunión, y no es necesario reunirse el día del Señor. Pueden simplemente reunirse los sábados, o por las noches en las casas de los hermanos. De las ocho mil familias pueden escoger de trescientas a cuatrocientas casas para reunirse, y en cada casa pueden cuidar a unos treinta niños. Si continúan obrando así, verán cuánto podremos lograr". A partir de 1966 y 1967, he hablado sobre este asunto y he esperado que la iglesia lo practique, pues ciertamente tenemos la fortaleza necesaria para llevarlo a cabo. Si hubiéramos trabajado desde ese tiempo hasta hoy (1977), habrían diez mil niños de dieciséis o diecisiete años que serían estudiantes de escuela secundaria y tendríamos diez mil "semillas" que estarían en las diferentes escuelas. En aquel tiempo también dije que debíamos laborar con los estudiantes de secundaria y de universidad, a fin de ganar unos miles de estudiantes en cada grupo. De esta manera, el número de niños y jóvenes sumaría un total de al menos veinte a treinta mil. Además, el número de niños aumenta incesantemente. Cuando esos diez mil niños ingresen a la escuela secundaria, otros diez mil tomarán su lugar. ¡Es una pena que ustedes no practiquen lo que les dije!

Agradecemos al Señor que hay muchos jóvenes laborando en Taipei; sin embargo, esto no es suficiente. La iglesia en Taipei ha existido por veintiocho años, y muchos de ustedes han sido nutridos durante todos esos años, de tal manera que cada uno de ustedes es capaz de laborar. Queridos hermanos y hermanas, espero que las lámparas ardientes de Dios resplandezcan para que los ojos de ustedes sean abiertos. ¿Saben en qué era estamos viviendo? El Señor está casi ante nosotros. Observen la situación mundial, la de Israel y la del Medio Oriente. El Señor Jesús está casi por venir. Ahora es el tiempo de que las lámparas ardientes nos iluminen y nos motiven. Si las lámparas de fuego nos iluminan, seremos activados y nos levantaremos a laborar. El pasado día del Señor más de diez mil personas partieron el pan. Si estos diez mil fueran despertados por la iluminación de las lámparas de fuego, inmediatamente el evangelio sería predicado por toda la isla de Taiwan, y dicho testimonio se extenderá al sudeste de Asia.

NO INTERESARNOS POR NADA, EXCEPTO EN SER GUIADOS POR LAS LAMPARAS DE FUEGO

Las lámparas de fuego no sólo arden para iluminarnos y quemarnos, sino también para motivarnos. Los relámpagos, las voces y los truenos salen del trono, y delante del trono hay siete lámparas de fuego que arden con el fin de motivarnos a laborar. Quizás algunos dirán que no pueden hacer nada. Cuanto menos hacemos, menos podremos hacer. La Biblia revela este principio. A todo el que tiene, le será dado, y tendrá abundancia; pero al que no tiene, es decir, el que no usa lo que tiene, aún lo que tiene le será quitado (Mt. 25:28-29). No podemos hacer nada simplemente porque no nos esforzamos. La razón por la que yo sí puedo hacerlo se debe a que lo he hecho muchas veces. Cuanto más lo hago, más lo puedo hacer.

Queridos hermanos y hermanas, hoy en la iglesia las siete lámparas de fuego arden no sólo para iluminarnos y quemarnos, sino también para motivarnos a laborar. Si hubiera un fuego abrasador ante nosotros, ¿no correríamos? De ninguna manera nos detendríamos a contemplarlo. Una vez que el fuego comienza a arder, todos se movilizan. Si las siete lámparas de fuego ardieran en las iglesias locales, ¿se moverían las iglesias en las diferentes localidades? ¡Ciertamente que sí! Hoy no sólo estamos en el Lugar Santo, sino que también estamos delante del trono, el cual es el centro de la administración de Dios. El trono mismo es el mover de Dios y Su economía. Las siete lámparas de fuego están ardiendo para impelernos a avanzar.

He observado que hay por lo menos cinco mil miembros activos en la iglesia en Taipei. Si cada cien de ustedes tomara la responsabilidad de sostener a un obrero que sirva con todo su tiempo, podrían servir por lo menos cincuenta personas. Que no le preocupe si usted es apto o no; el Señor regresa pronto, así que simplemente sirvamos de tiempo completo. Cuando era joven tenía un buen trabajo. Mi ingreso mensual era más que suficiente para cubrir los gastos de cinco familias. Pero un día el Señor vino, me llamó y me obligó a abandonar mi empleo para dedicarme a Su obra. Dije: "¡Oh Señor! ¿De dónde voy a obtener mi sustento?" El Señor me respondió: "Yo me hago responsable de ti". Creí en lo que me dijo, pero aún había cierta incredulidad en mí; sin embargo, debido a que el Señor me estaba llamando, no había nada que yo pudiera hacer. Así que le dije: "Oh Señor, te seguiré. Estoy dispuesto a comer raíces de los árboles y a beber agua de los ríos con tal de predicar Tu evangelio". Así que renuncié a mi trabajo. Cuando mi suegro escuchó esto, meneó la cabeza y dijo: "No conozco a otro tan necio como tú. ¿Por qué no trabajas durante el día y predicas por las noches y los domingos? Además, con tus ingresos podrías ayudar a los necesitados. Pero ahora que has abandonado tu trabajo, ¿de qué vivirá tu familia? Yo dije en mi corazón: "Si es necesario comeré raíces de los árboles y beberé agua de los ríos", pero alabo al Señor que en todos estos años, nunca he tenido que comer raíces ni beber de los ríos. ¡Aleluya, el Señor es viviente!

Cuando fui enviado por la obra a Taiwan, la obra no me proveyó ni un dólar. Solamente tenía unos trescientos dólares para sostener una familia de doce. A pesar de eso, las propiedades de los salones de reunión de algunas de las iglesias principales de esta isla fueron comprados con el dinero que provino de mi ministerio aquí. Usted me preguntará: "Hermano Lee, ¿de dónde vino el dinero?" Siempre proviene de un lugar: de los cielos. El Señor sabe que estoy dispuesto a comer raíces y a beber agua de los ríos. Sin embargo, alabado sea el Señor, El nos ha dado lo que no le hemos pedido, incluso mucho más de lo que le pedimos o pensamos.

Hermanos y hermanas, mi punto es el siguiente: nuestro Dios es fiel, verdadero y viviente. Jóvenes, no es necesario que consideren su futuro. El futuro más glorioso es servir al Señor. Ningún otro futuro es más honorable que éste. No se preocupe por el presente. Quizás se pregunten cómo sobrevivirán sin un empleo: es imposible según la tierra, pero conforme a los cielos, sí es posible. El hombre no puede hacerlo, pero Dios sí. Les animo a discernir la era en que estamos viviendo, pues no queda mucho tiempo. El trono está en la iglesia, y las siete lámparas delante del trono arden en ella, no sólo para iluminarnos y quemarnos, sino también para motivarnos, para impelernos a laborar. ¡Cuán feliz estoy de ver que tantos jóvenes se están levantando! No busco simplemente conmoverlos, sino que espero que ardan en medio nuestro las siete lámparas de fuego. El Señor está aquí y está hablando. No se preocupen por su futuro ni por sus circunstancias, pues todo ello está en las manos de Dios. Agradecemos al Señor por haber bendecido a Taiwan, y creemos firmemente que continuará bendiciéndolo. Debemos aprovechar la oportunidad y hacer lo que esté de nuestra parte para predicar el evangelio y llevar el testimonio de la iglesia a las diferentes ciudades, pueblos y villas; ésta es nuestra responsabilidad. Actualmente las siete lámparas de fuego están ardiendo delante del trono en el Lugar Santo.

CAPÍTULO CINCO

LOS SIETE OJOS DE DIOS NOS TRANSFUNDEN

Lectura bíblica: Zac. 4:10; 2 Cr. 16:9a; Ap. 5:6; 4:5; Sal. 33:18; 32:8

LAS SIETE LÁMPARAS ILUMINAN Y QUEMAN

Hemos visto varios aspectos relacionados con el candelero de oro. En el mensaje anterior vimos que las siete lámparas del candelero de oro llegan a ser las siete lámparas de fuego. No piense que las siete lámparas resplandecientes son idénticas a las siete lámparas de fuego; ciertamente son similares, pero no idénticas. Las siete lámparas de Éxodo eran lámparas resplandecientes pero no lámparas de fuego. Todas las lámparas resplandecen, pero no necesariamente queman; sin embargo, en Apocalipsis vemos que las siete lámparas sobre los candeleros no sólo resplandecían, sino que también ardían. Apocalipsis 4 dice que del trono salen relámpagos, voces y truenos y que delante del trono arden siete lámparas de fuego. En este cuadro podemos ver que Dios desea llevar a cabo Su mover, Su gobierno y Su economía, y que las lámparas de fuego fomentan dicho mover. Hay siete lámparas de fuego que arden delante del trono de Dios, es decir, delante de Dios mismo; allí no sólo hay luz que resplandece e ilumina, sino también fuego que arde. Además, ese fuego motiva. De forma extraordinaria, Apocalipsis 4 también dice que estas siete lámparas ardientes de fuego son los siete Espíritus de Dios, y el capítulo cinco aclara que los siete Espíritus son los siete ojos de Dios.

La semilla y la cosecha de la revelación presentada en la Biblia respecto al candelero de oro

No debemos pensar que la Biblia menciona estos temas por casualidad. La revelación presentada en la Biblia es progresiva, lo cual podemos comparar con una semilla plantada en la tierra. Al principio, sólo sabemos que la semilla ha sido plantada y está enterrada allí, pero no vemos absolutamente nada. Luego, sale un pequeño brote, pero aún no reconocemos la planta. Más tarde, sale el tallo, y gradualmente, aparecen las pequeñas ramas y las hojas. Después, la planta florece, lleva fruto y finalmente produce una cosecha. Para entonces, todos pueden reconocer la planta con sólo verla.

La mayoría de las revelaciones bíblicas fueron sembradas en Génesis, pero unas cuantas fueron sembradas en el segundo libro, en Exodo. Por ejemplo, la semilla del candelero de oro no se sembró en Génesis, sino en Exodo, y su crecimiento se desarrolla en 1 Reyes. El candelero de oro mencionado en 1 Reyes está en el templo santo; sin embargo, aunque se observa cierto crecimiento de la semilla allí, la visión del candelero de oro en dicho libro aún es borrosa, pues no vemos claramente su relación con el Espíritu. Luego, el candelero de oro mencionado en Zacarías 4 no se centra en Cristo, sino en el Espíritu, quien es representado por el aceite de oliva en las lámparas. Por lo tanto, en Zacarías notamos un desarrollo, que aunque es más avanzado, no es aún la cosecha. ¿Dónde se encuentra la cosecha? La cosecha está en Apocalipsis, pues allí vemos que el candelero de oro se ha desarrollado completamente y ha llegado a su meta máxima, que es la iglesia. Con la iglesia está Cristo y el Espíritu. La iglesia es la reproducción, la réplica, del Espíritu junto con Cristo. En esta réplica vemos tanto al Espíritu como a Cristo. Estos dos —Cristo y el Espíritu— unidos juntos, llegan a ser la iglesia. ¿Qué es la iglesia? Podemos declarar firmemente que la iglesia es la manifestación de Cristo juntamente con el Espíritu. Cuando Cristo y el Espíritu se manifiestan juntos, esto es la iglesia y también el candelero de oro. Espero que todos los santos en el recobro del Señor vean y conozcan la iglesia a tal grado.

El candelero de oro revelado en Exodo: lámparas resplandecientes que iluminan

El candelero de oro tiene siete lámparas. En Exodo vemos que las siete lámparas brillaban en la oscuridad a fin de que los sacerdotes que servían a Dios pudieran moverse en la esfera de Su presencia, es decir, en el Lugar Santo. El Lugar Santo no tenía puertas ni ventanas; así que, sin el candelero de oro no habría ninguna luz, y los sacerdotes no sabrían qué hacer ni cómo moverse para servir a Dios. Puesto que en el Lugar Santo estaba el candelero de oro, sobre el cual resplandecían las siete lámparas, el sacerdote que entraba allí inmediatamente conocía el mover de Dios y Su economía.

El candelero de oro revelado en Apocalipsis: las lámparas de fuego que arden

En Apocalipsis vemos que las siete lámparas resplandecientes llegan a ser las siete lámparas de fuego que arden. No sólo son lámparas resplandecientes, sino también lámparas ardientes, lámparas de fuego que arden. Estas lámparas de fuego implican juicio. Así que, las siete lámparas no sólo resplandecen y arden, sino también juzgan. De hecho, las siete lámparas resplandecientes de Apocalipsis 4 son siete inmensos hornos que arden delante del trono de Dios.

Debemos recordar 1 Corintios 3:10b-13: "Pero cada uno mire cómo sobreedifica ... Y si sobre este fundamento alguno edifica oro, plata, piedras preciosas, madera, heno, hojarasca, la obra de cada uno se hará manifiesta". ¿Cómo se hará manifiesta? Un día, el fuego probará la obra de cada uno (v. 13). Si nuestra obra en la iglesia es hecha de oro, plata y piedras preciosas, soportará la prueba de fuego; sin embargo, si nuestra obra es hecha de madera, heno y hojarasca, será combustible que el fuego consumirá. Por lo tanto, las siete lámparas no sólo resplandecen y arden, sino también juzgan al quemar. Debemos saber que siempre que Dios se mueve, El juzga. Una persona indecisa y titubeante no puede seguir el mover del Señor. En Su mover, Dios siempre juzga.

A todos nos gustan las lámparas que iluminan. Por la noche, cuando está oscuro, ciertamente nos gusta tener una lámpara que brille e ilumine nuestra casa, pero nadie quiere usar una lámpara de fuego. Por ejemplo, nos asustaríamos si al regresar a casa descubrimos que ésta se está quemando debido a las lámparas de fuego que arden. No olvidemos que el candelero de oro en Exodo tiene lámparas que resplandecen, mientras que en Apocalipsis tiene lámparas que arden. En Exodo se recalca la iluminación del candelero de oro, pero en Apocalipsis el candelero de oro no sólo ilumina, sino que ha avanzado y ha llegado a ser lámparas de fuego que arden.

Experimentar el fuego de las siete lámparas

A todos nos gusta testificar que vimos la luz al llegar a la iglesia, pero ¿qué hizo después esta luz? Con el tiempo, fuimos quemados por la misma luz que vimos. Al principio, la luz nos iluminó, pero después nos quemó. Fueron quemados nuestros viejos conceptos y pensamientos, el veneno de la tradición y muchas cosas más, las cuales podemos comparar con bolsas de heno. En el pasado cargábamos muchas "bolsas de heno" y las valorábamos tanto que nos resistíamos a desecharlas, aun después de haber entrado a la vida de iglesia. Muchos de los hermanos y hermanas, particularmente en el mundo occidental, vinieron del cristianismo, y observé que algunos llegaron a su primera reunión cargando "montones de bolsas de heno". Sin embargo, una semana más tarde, cuando regresaron a la reunión, pude observar que "los bultos" estaban en llamas. Ellos mismos no se dieron cuenta de eso, pero yo sí. Esto me complació y agradecí al Señor y lo alabé diciendo: "¡Que se quemen todas esas bolsas!" Después de dos semanas, pude ver que todas las "bolsas de heno" fueron totalmente incineradas, y que el fuego se había extendido al resto de su ser. En el pasado, algunos entre nosotros fueron pastores o predicadores itinerantes que estaban llenos de "heno" y que hicieron una gran obra de "heno". Sin embargo, vieron la luz al venir a la iglesia, y después de un tiempo, dicha luz llegó a ser en ellos un fuego ardiente. ¿Qué fue lo que los quemó? No fueron las doctrinas, sino la luz. La luz del Lugar Santo en la iglesia, con el tiempo, llega a ser un fuego que arde delante del trono.

¿No es ésta su experiencia? Confío en que las hermanas también hayan experimentado esto. Cuando algunas hermanas vinieron por primera vez a las reuniones de la iglesia, vieron la luz, y pocos días después esa luz comenzó a arder y a quemar cosa tras cosa en ellas. Al principio pudieron haber dicho: "¡Qué bueno es estar en la iglesia! ¡Qué dulce es tener la presencia del Señor! ¡Demos gracias y alabemos al Señor! Sin embargo, antes de que terminaran de proferir esas palabras, algo en ellas empezó a molestarlas, diciendo: "¿Por qué no cambias tu actitud para con tu esposo?" Ellas podrían decir: "Oh Señor, no soy la única que tiene la culpa; él también está equivocado. ¿Por qué debo cambiar yo y no él? Puesto que él es la cabeza, debe cambiar primero. Si él confiesa sus pecados y sus errores, yo haré lo mismo. Así que no confesaré mis errores hasta que él lo haga". Sin embargo, el fuego en estas hermanas no les permitía ni comer ni dormir bien. Anteriormente dijeron: "¡Oh Señor, la vida de iglesia es muy dulce!" Pero ahora ya no es tan dulce. Más bien, sabe como medicina amarga, porque no hay otro escape sino confesar. ¿Qué es lo que causa esto? El fuego.

Algunos tal vez digan: "¿Por qué ustedes son la iglesia y nosotros no?" Todos argumentan que son la iglesia. Dejen que discutan, pero si en verdad quieren ser la iglesia, ellos tienen que tomar la medicina amarga y ser quemados por el fuego del candelero. Deben permitir que las "bolsas de heno" y el temperamento se quemen, y lo que permanezca después de que todo haya sido completamente incinerado, será el candelero de oro. El candelero se produce como resultado de tal experiencia. Recientemente, en una reunión combinada para el partimiento del pan, los hermanos y las hermanas se entusiasmaron mucho al ver un gran pan sobre la mesa. Sin embargo, al momento de partir el pan, la luz resplandeciente pudo haberse convertido en un fuego ardiente, y el Señor pudo haberles dicho a algunos: "¿Quieres partir este pan? ¿Le has dado fin a las diferencias de opinión que tienes con los hermanos y hermanas para reconciliarte con ellos?" Este es el fuego de las siete lámparas que nos quema, y esto es lo que experimentamos.

Conocer el misterio del candelero de oro por la misericordia del Señor

Los asuntos espirituales no pueden explicarse completamente ni con mil palabras. En estos capítulos hemos visto el candelero de oro. El candelero de oro es Jehová, Jehová es el Cordero, el Cordero es la piedra, y la piedra es Dios mismo. Ahora conocemos estos términos nuevos; sin embargo, si hablamos de ello con otras personas, pensarán que estamos locos debido a que no entienden este tema. Aun en los seminarios teológicos algunos maestros de la Biblia tampoco lo entienden. Aunque tienen la Biblia en sus manos, desconocen estos temas. Pero por la misericordia del Señor, nosotros sí los conocemos. Sabemos que el candelero de oro es Jehová, y que Jehová, el Dios que se relaciona con nosotros, es nuestro Cordero. También sabemos que este Cordero es la piedra en la que Dios grabó una inscripción, y que en un sólo día esta piedra grabada quitó la iniquidad del pueblo de Dios. Esta piedra, finalmente, es Dios mismo. Esto no podría estar más claro, aun si escuchásemos diez mil palabras adicionales. ¿Qué es la iglesia? La iglesia es el candelero de oro, el candelero de oro es Jehová, Jehová es el Cordero, el Cordero es la piedra, y la piedra es Dios mismo.

No podemos explicar con palabras qué es la iglesia. Es muy misteriosa, no obstante, podemos definirla de la siguiente manera: la iglesia es la réplica del Espíritu junto con Cristo. Si preguntásemos a los alumnos del seminario qué quiere decir que la iglesia sea la réplica del Espíritu junto con Cristo, quizás dirían: "No tenemos tal concepto en nuestra teología sistemática. Sólo tenemos la iglesia. Nosotros no decimos que la iglesia es la réplica del Espíritu junto con Cristo y no entendemos que significa eso". Sin embargo, nosotros sí lo entendemos; aun los más jóvenes entre nosotros lo entienden. ¿Qué es la iglesia? La iglesia es la réplica, la manifestación, del Espíritu junto con Cristo.

El mover de Dios se efectúa con juicio

El significado del candelero de oro primeramente se relaciona con el resplandor de las siete lámparas, y luego, con el fuego de las lámparas que arden. El fuego de las lámparas fomenta el mover de Dios, y dicho mover conlleva juicio. Siempre que Dios se mueve, Él juzga. Dios nunca lleva a cabo una obra de manera titubeante o indecisa. Él jamás carga "bolsas de heno"; Él siempre es preciso. Él recibe sólo lo que se conforma a Su voluntad, y rechaza todo lo demás. Jueces 7 dice que, cuando Dios dispuso que Gedeón destruyera a los Madianitas, Gedeón tenía con él más de treinta mil hombres. Dios intervino en esta situación por causa de Su mover, y Su mover fue el juicio que ejecutó. Dios dijo a Gedeón: "Aún es mucho el pueblo; llévalos a las aguas, y allí te los probaré" (v. 4). La prueba de beber el agua fue un juicio. Al beber el agua, todos fueron probados. Sólo trescientos hombres pudieron seguir a Gedeón, y el resto tuvo que regresar a casa. El mover de Dios es Su fuego que quema, y ese fuego es el juicio que Dios ejecuta para llevar a cabo Su mover.

LOS SIETE OJOS DE DIOS NOS TRANSFUNDEN

Después de que las siete lámparas de fuego arden en nosotros, se convierten en siete ojos. Es maravilloso el hecho que las lámparas resplandecientes llegan a ser las lámparas de fuego, y que las lámparas de fuego se conviertan en los ojos. Sabemos que la hermosura de una persona se halla en sus ojos. Si una persona cierra los ojos, no podemos ver lo que es bello en ella. La hermosura de una persona está en sus ojos. Agradecemos al Señor que las lámparas de fuego finalmente llegan a ser unos ojos hermosos. Testifico que todo aquel que ha estado bajo el fuego, el juicio y la purificación de Dios, y cuyas "bolsas de heno" ha sido quemadas, puede declarar: "Oh Dios, te agradezco que las lámparas de fuego son Tus hermosos ojos". Las siete lámparas son los siete ojos de Dios.

Quizás algunos digan que los siete ojos atemorizan, pues los ojos de las personas enojadas amedrentan. Las siete lámparas son los siete Espíritus de Dios, los siete ojos de Dios. ¿Son estos siete ojos amedrentadores o hermosos? Algunos podrán decir que unas veces son amedrentadores y otras veces son hermosos, pero el hecho de que sean de una u otra manera no depende de Dios, sino de nosotros. Si nos comportamos debidamente como hijos de Dios, Sus ojos serán hermosos, pero si no, Sus ojos nos infundirán temor. Sin embargo, ya sean de una u otra forma, por lo menos ya no solamente son lámparas de fuego. Agradecemos y alabamos al Señor por Sus ojos. Puedo testificar, juntamente con muchos, que estos siete no son únicamente las siete lámparas de fuego, sino también los siete ojos.

Los ojos no sólo sirven para ver sino también para transfundir. ¿Qué significa transfundir? Significa transmitir nuestro ser a la persona que estamos viendo. Si disfruto la compañía de un hermano, al verlo, le transmito mediante mis ojos el gozo y la dulzura que siento. Sin embargo, si veo a un hermano maleducado y me digo a mi mismo: "¡Oh! es él", infundiré este sentimiento en él. Transfundir es infundir. Dios se transfunde en nosotros, ya sea como amor o temor.

La iglesia es el lugar donde Dios se transfunde

Aquí me gustaría usar una nueva expresión: la iglesia es el lugar donde Dios se transfunde. ¿Había oído alguna vez dicha expresión? Cada vez que nos reunimos, le damos a Dios la oportunidad de que se transfunda en nosotros; ésta es la realidad de la iglesia. Anteriormente, muchos de nosotros estábamos en el cristianismo, en las denominaciones. Cada domingo por la mañana nos vestíamos apropiadamente para "ir a la iglesia", y hacia el final del servicio, se pasaba el plato de las ofrendas para que pusiéramos dinero en él. ¿Podríamos decir con buena conciencia que Dios nos transfundía allí? No sé lo que se transmitía allí, pero definitivamente no era el lugar donde Dios se transfundía en nosotros. Sin embargo, al venir a las reuniones de la iglesia, tenemos la sensación de estar sentados delante del Señor y que Sus ojos nos están observando. Si le obedecemos, sentimos que El es hermoso; si le desobedecemos, El no deja de ser hermoso, pero nos sentimos un poco avergonzados. Podemos decirle: "Oh Señor, te desobedecí la semana pasada. Señor, perdóname y lávame con Tu sangre preciosa". Todos hemos tenido tal experiencia. Esto es experimentar que el Señor transfunda e infunda Su propio ser en nosotros, a fin de transformarnos. La transformación no es el cambio producido por la luz que nos ilumina; más bien, es que el Señor transfunda en nosotros Su hermosa persona. Una vez que tenemos tal experiencia, quizás regresamos a casa con lágrimas diciendo: "¡Oh Señor! Ten misericordia de mí esta semana. No quiero pecar otra vez contra Ti. Quiero agradarte". Sin embargo, esto muestra que aún no le conocemos lo suficiente. A pesar de que tenemos buenas intenciones, estamos aún equivocados porque no hemos visto que por nuestra propia cuenta no podemos agradar al Señor. Somos como un ciempiés que quiere volar pero que en realidad, sólo puede andar sobre la tierra. Es como si dijéramos: "Oh Señor, la semana pasada me arrastré sobre la tierra; no volé ni siquiera por un momento para agradarte. Realmente he pecado contra Ti. Comenzando desde esta semana ya no quiero arrastrarme sobre la tierra; quiero volar contigo". No obstante, después de terminar dicha oración al comienzo de la semana, tal vez esa misma noche, comenzamos de nuevo a "arrastrarnos sobre la tierra" y continuamos así el resto de la semana. Luego, venimos otra vez a la reunión el siguiente día del Señor, y los siete ojos de Dios tal vez nos digan: "¡Aquí estás de nuevo!", y volvemos a repetir nuestra confesión. Pero, el Señor quizás contestaría: "¡No llores! No te culpo en lo absoluto. Tú eres un 'ciempiés', por lo tanto Yo sé que tú no puedes volar. ¿No sabes que Yo soy la vida que vuela?" Sin embargo, en otras ocasiones el Señor no dice nada; simplemente transfunde en nosotros Su persona. Dicha transfusión ocurre semana tras semana hasta que el "ciempiés" empieza a "volar"; esto asombrará a nuestra familia, pues no saben lo que sucedió. No serán capaces de describirlo, pero sentirán que hay algo maravilloso en nosotros y que hemos experimentado un gran cambio. Dicha experiencia es la realidad de la iglesia.

Los siete ojos están en la iglesia. No olvidemos que los siete ojos están sobre el candelero, y que el candelero está en el Lugar Santo. Si no estamos en el Lugar Santo no tendremos el candelero, y sin el candelero, tampoco tendremos los siete ojos. El Lugar Santo es la iglesia, y el candelero también es la iglesia. A fin de recibir la transfusión de los siete ojos debemos estar en la iglesia. El hecho de estar en la iglesia no tiene que ver meramente con escuchar o dar mensajes, pues estos son asuntos triviales. Algunas hermanas de más edad testifican que muchas veces no pueden recordar nada de lo que se dijo en las reuniones; sin embargo, recuerdan que allí fueron conmovidas y recibieron algo, aunque no lo puedan explicar claramente. Sienten que es muy bueno asistir a las reuniones, y que sería una pérdida no ir. Por eso, asisten a la reunión en el día del Señor, van el martes siguiente y deciden estar allí otra vez el jueves. Aunque no pueden recordar claramente lo que se dijo allí, se sienten muy bien interiormente. Esta es una característica de las iglesias en el recobro del Señor.

Algunos dicen que la iglesia tiene un método para cautivar a la gente y afirman que cuando las personas escuchan al menos dos mensajes, "quedan atrapadas", y después van al salón de reunión todos los días. Los ancianos van, y también los jóvenes; los hombres van, y también las mujeres; van el día del Señor, y también el martes; van por la mañana, y también por la tarde. Algunos me han preguntado cuál es nuestro secreto: el secreto reside en las siete lámparas de fuego y en los siete ojos.

El hecho de que seamos la iglesia no depende de tener una organización, sino de que estén con nosotros los siete ojos. Estos siete ojos no sólo nos iluminan, sino también transfunden en nosotros a Dios mismo. Aunque uno sea un profesor universitario muy educado e inteligente, esto no significa que entienda apropiadamente. En 1947 hubo un avivamiento en la iglesia en Shanghai. Había un profesor universitario que me apreciaba mucho y me dijo: "Hermano Lee, me sentiría muy complacido sólo de acompañarlo y ayudarlo a cargar su maletín". No obstante, aunque él era un profesor en la escuela de medicina y había escuchado todos mis mensajes, no entendía casi nada. Por el contrario, en Shanghai he visto algunas hermanas muy ancianas que no hablaban bien el mandarín, ni leían la Biblia claramente, pero entendían todo cuando escuchaban mis mensajes. Esta es una característica de la iglesia. La iglesia no se compone de personas que tienen títulos universitarios o mentes brillantes. Más bien, la iglesia es un grupo de personas en quienes Dios se ha transfundido; Dios logró transfundirse a Sí mismo en ellos. Puedo testificar que aquellas ancianas de Shanghai entendían todo claramente, pues Dios transfundió Su ser en ellas.

En esto reside la efectividad de nuestra obra. Si usamos nuestra mente para darle conocimiento a los demás, tal vez los profesores nos entiendan, pero Dios no se transfundirá en las personas. El secreto de nuestra obra no depende de que demos buenos mensajes, sino de cuánto Dios se ha transfundido en otros después de cada reunión o mensaje. En esto se halla la diferencia. Algunos predicadores son tan elocuentes que sus sermones suenan como música, pero en dichos mensajes no se transfunde nada de Dios en las personas. Agradecemos y alabamos al Señor que las siete lámparas son los siete ojos. El Cordero tiene siete ojos, y no siete lámparas; de igual manera, la piedra tiene siete ojos y no siete lámparas. Los ojos están aquí, mirándonos intensamente, para transfundir en nosotros a Dios.

Dios nos guía con Sus ojos

En 2 Crónicas 16:9 dice: "Porque los ojos de Jehová contemplan toda la tierra". Actualmente, los ojos de Dios contemplan la tierra, buscando a los que tienen un corazón perfecto para con El. Salmos 32:8 dice: "Te haré entender, y te enseñaré el camino en que debes andar; sobre ti fijaré mis ojos". El Señor nos guía principalmente con Sus ojos, no con palabras ni con señales. La dirección que proporcionan los ojos es de lo más íntimo, y sólo ocurre entre aquellos que se conocen profundamente. Cuando se comunican dos personas cuya relación es muy íntima, no es necesario ni que hablen en voz audible, pues a menudo se hablan con los ojos. Muchas veces al visitar a las familias, observo que las parejas no siempre se comunican verbalmente. En ocasiones, con sólo una mirada, el cónyuge sabe que es tiempo de servir el té o de atender otros asuntos. Yo también entiendo lo que significa una mirada; por ejemplo, al ver los ojos de ellos, sé que es hora de irme. Si un matrimonio ha estado unido por largo tiempo, quizás treinta o cuarenta años, vemos que el esposo llega a ser la esposa, y la esposa llega a ser el esposo. Esto se debe a que se han transfundido mutuamente uno dentro del otro por treinta años. Sólo esto hace que una pareja sea dulce y armoniosa.

Asimismo, al estar en la iglesia por mucho tiempo, el Señor gradualmente se infunde en nosotros. Esto no es algo que podemos obtener de la noche a la mañana, sino que es el resultado de un largo proceso. El Señor se ha estado transfundiendo en nosotros incesantemente. Tenemos por lo menos cuatro o cinco reuniones por semana, y en cada reunión hay dos horas de transfusión. Podemos comparar estas reuniones con una batería que está siendo cargada. Por ejemplo, una batería que ha sido cargada podrá operar dos días, y cuando está por agotarse la energía eléctrica, es necesario cargarla de nuevo. Entonces, después de haber sido "recargada", operará nuevamente. Yo he sido "cargado" por cuarenta y cinco años. Esta es la transfusión que imparten los siete ojos.

La iglesia es algo muy misterioso, que sobrepasa cualquier descripción humana. Muchos hermanos pueden testificar que antes de asistir a esta conferencia no tenían un entendimiento adecuado acerca de la iglesia, pero después de escuchar estos mensajes, han visto claramente qué es la iglesia. La iglesia es el candelero de oro, y las siete lámparas sobre el candelero de oro son las lámparas de fuego, las cuales después de quemarnos llegan a ser los ojos. Los ojos nos transfunden y algunas veces nos reprenden. Si asistimos a una reunión y no tenemos el sentir de que hemos sido transfundidos, debemos preguntarnos si ésa realmente es la iglesia. Quizás sea la iglesia, pero no se encuentra en una condición apropiada; tiene problemas, pues no imparte luz ni transfunde a Dios en las personas. Es como si el fusible eléctrico se hubiera quemado, lo cual causa que se interrumpa el suplir de la electricidad. Si éste es el caso, debe cambiarse el "fusible" de inmediato. Algunos ancianos o jóvenes saben cómo hacer eso: orando. Así, la "electricidad" es reconectada, y de nuevo toda la reunión recibe la transfusión. Esta es la naturaleza de la iglesia. Si Dios no se transfunde en nosotros, no tenemos la iglesia.

LOS SIETE ESPIRITUS SUMINISTRAN VIDA

Los siete ojos que llevan a cabo la transfusión son los siete Espíritus. Las siete lámparas son los siete Espíritus, los siete ojos también son los siete Espíritus, y los siete Espíritus son el Espíritu Santo. Cuando era joven y tenía pocos años de ser salvo, me sentía confuso siempre que se mencionaba el Espíritu Santo. Nunca hubiera dicho que no había Espíritu Santo, pero no sabía qué era ni dónde estaba. Con el tiempo, supe que el Espíritu Santo es la transfusión de Dios en nosotros, y hoy lo sé aún más. Después de un largo tiempo de asistir a las reuniones, nos acostumbramos a ellas. Por ejemplo, a la hora indicada, tomamos nuestra Biblia y nos vamos a la reunión. Sin embargo, después de sentarnos allí por dos minutos, experimentamos cierto poder inexplicable en nuestro interior. Al comienzo de la reunión tal vez no teníamos un corazón apropiado y estábamos indiferentes, pero con sólo sentarnos allí, somos tocados interiormente. Quizás en la reunión nadie hable del Espíritu Santo ni de la transfusión de Dios, pero ciertamente sentimos algo por el hecho de estar presentes. A veces quedamos muy agradecidos con el Señor, y otras veces nos reprochamos a nosotros mismos; unas veces somos iluminados, y otras, somos reprendidos; otras veces somos liberados, y aun en otras, tenemos paz y somos regados. ¿Qué es esto? Es la obra del Espíritu y Su mover; en otras palabras, es el Espíritu mismo.

Cuanto más una reunión esté llena de la naturaleza de la iglesia, más abundará la operación del Espíritu, el cual es los siete Espíritus que nos transfunden e infunden. El Espíritu es vida, y los siete Espíritus tienen como fin que recibamos el suministro de vida y que seamos equipados con ella. Las lámparas se han convertido en fuego, el fuego ha llegado a ser los ojos, y los ojos son el Espíritu mismo. Primero, Dios brilla en nosotros; luego, El también arde en nosotros; y finalmente, El se transfunde y se infunde en nuestro ser. El resultado es que recibimos el suministro de vida y somos equipados con Su vida. Con el tiempo, nuestra función se manifestará en la iglesia, creceremos en vida y seremos edificados juntamente con otros. El fruto no es simplemente la iglesia, sino la iglesia en función, donde todos los santos ministran. No sólo somos iluminados, quemados e infundidos, sino también recibimos el suministro de vida y somos equipados con ella. Es así que llegamos a ser miembros que funcionan en el Cuerpo.

Al volvernos al Espíritu, todo es vida. Las lámparas nos iluminan, el fuego nos quema, los ojos nos transfunden, y el Espíritu nos suministra vida y nos equipa con ella; ésta es la iglesia. Primero, vemos el candelero de oro, Jehová, el Cordero, la piedra y Dios; luego, las lámparas, el fuego, los ojos y el Espíritu. Sólo cuando entendamos plenamente estos nueve aspectos sabremos qué es la iglesia. La iglesia está relacionada con estos nueve aspectos. Al entrar en la iglesia, primero somos iluminados por las lámparas que resplandecen; luego, las lámparas de fuego nos queman; después, los ojos nos observan y nos cuidan, transfundiendo en nosotros lo que Dios es y lo que el Señor es; finalmente el Espíritu, quien es vida, nos suministra dicha vida y nos equipa con ella. Todo esto, en conjunto, es la iglesia.

CAPITULO SEIS

LAS LAMPARAS DE FUEGO LLEGAN A SER LOS RIOS QUE FLUYEN

Lectura bíblica: Ex. 17:5-6; 1 Co. 10:1-4; Jn. 7:37-39; 1 Co. 12:13; Ap. 1:4; 4:5; 5:6; 22:1, 17; 2:1, 7a; 21:23

LOS ESCRITOS DE JUAN Y EL LIBRO DE EXODO SE REFLEJAN ENTRE SI

La Biblia es un libro maravilloso. Exodo relata que los hijos de Israel se hallaban sedientos mientras vagaban en el desierto, así que Dios dijo a Moisés que tomara su vara y golpeara la roca. Cuando Moisés golpeó la peña, el agua fluyó de ella y el pueblo bebió, saciando así su sed. No existe una historia semejante en ningún otro libro clásico. Aunque ésta parece ser una historia simple, su significado no es sencillo. El significado de estos acontecimientos no se encuentra en Exodo, sino en el Nuevo Testamento, en Juan 7:37-38, donde dice: "En el último y gran día de la fiesta, Jesús se puso en pie y alzó la voz, diciendo: Si alguno tiene sed, venga a Mí y beba. El que cree en Mí, como dice la Escritura, de su interior correrán ríos de agua viva".

Los puntos principales incluidos en los escritos de Juan corresponden con los de Exodo. En Exodo vemos el cordero, y Juan escribe: "He aquí el Cordero de Dios" (Jn. 1:29). Al final de Exodo vemos el tabernáculo, y en la conclusión de los escritos de Juan también dice: "He aquí el tabernáculo de Dios con los hombres" (Ap. 21:3). En Exodo se halla el candelero, un mueble indispensable del tabernáculo relacionado con la administración de Dios y con las funciones de aquellos que le sirven, y en los escritos de Juan leemos que las iglesias son llamadas los candeleros. Esto nos muestra que los escritos de Juan y Exodo se reflejan entre sí.

Como dijimos, Juan hace referencia al agua viva que fluyó de la roca mencionada en Exodo. El Evangelio de Juan habla respecto a esto de forma maravillosa, diciendo que si alguno tiene sed, puede venir al Señor Jesús y beber. Juan no dice que el Señor Jesús es la roca, sino proclama que correrán ríos de agua viva del interior de todo aquel que cree en el Señor. Según el griego, *ríos* está en plural. Este pasaje no se refiere a un solo río, sino a muchos. La connotación aquí es que, con el tiempo, los bebedores llegan a ser pequeñas "rocas". En Exodo leemos que el agua fluyó de una sola roca y sació la sed del pueblo; y en los escritos de Juan vemos que el agua viva fluye, pero la corriente no proviene de una sola roca sino de muchas "pequeñas rocas". Al beber el agua que el Señor Jesús nos suministra, llegamos a ser "pequeñas rocas"; y del interior de cada uno de nosotros corren ríos de agua viva, río tras río. No sólo fluye un río, sino que muchos ríos corren de nuestro interior.

Exodo es el "semillero" de un gran número de verdades, y los escritos de Juan son el "plantío" de dichas verdades. En Exodo vemos una roca, mientras que en el Evangelio de Juan hay muchas rocas pequeñas. En Exodo sólo hay un río, pero en Juan hay muchos ríos. En Juan no sólo hay muchas rocas, sino también abundan los ríos, lo cual implica multiplicación y aumento. Una roca llegó a ser muchas rocas, y un río se convirtió en muchos ríos. Quizás alguien argumente que esto es nuestra propia interpretación. No obstante, si leemos 1 Corintios 10, podemos ver la interpretación de Pablo, quien dice: "Todos nuestros padres estuvieron bajo la nube, y todos pasaron el mar; y todos para con Moisés fueron bautizados en la nube y en el mar, y todos comieron el mismo alimento espiritual, y todos bebieron la misma bebida espiritual" (vs. 1-4a). ¡Qué maravilloso es esto! En Exodo vemos que el agua salía de la roca del monte Horeb, pero Pablo dijo que era una bebida espiritual. ¿Fue agua física o una bebida espiritual? Debemos decir: "Conforme al cuadro, la bebida era física, pero según la realidad, era espiritual". En Exodo, el agua que fluyó de la roca era una figura, una señal, un símbolo, un cuadro que mostraba una condición espiritual. Así, Exodo usa el agua física para representar el agua espiritual, la cual es el Espíritu.

Esta agua no es sólo el Espíritu Santo. Antes de que el Señor fuera herido, antes de que El —la roca hendida— fuera golpeado, el Espíritu Santo ya estaba presente, pero aún no había "el Espíritu". Podemos decir que antes de que la roca fuera golpeada, ya había agua en la atmósfera, pero cuando la roca fue golpeada y herida, el agua de la atmósfera llegó a ser el agua viva que fluyó de la roca. Antes de que la roca fuera golpeada, el agua de la atmósfera ya estaba allí, pero aún no había el agua viva. Esto significa que antes de que el Señor Jesús fuera crucificado y resucitado, el Espíritu Santo estaba presente, pero aún no había "el Espíritu". Cuando el Señor Jesús fue herido, al ser golpeado en la cruz, inmediatamente salió sangre y agua (Jn. 19:34). Ese fue el fluir del agua viva, a la cual Jesús se refirió al hablar "del Espíritu que habían de recibir los que creyesen en El" (7:39). Juan dice claramente que el agua que fluyó del Jesús herido es el Espíritu.

En 1 Corintios 10:4 Pablo dice que los hijos de Israel bebieron una bebida espiritual, y lo que él dice después es aún más maravilloso, pues menciona que esta agua provino de la roca espiritual que los seguía. Pablo afirma que la roca iba tras los hijos de Israel. ¿Cómo podemos explicar esto? ¿Podía dicha roca caminar? ¿Era llevada por una carreta? Si le preguntásemos a los teólogos ortodoxos, quizás dirían que Pablo está torciendo la palabra de Dios. Tal vez ellos le dirían a Pablo: "La roca que Moisés golpeó estaba sobre la montaña, y permaneció allí después de haber sido golpeada. Entonces, ¿cómo puede usted decir que la roca los seguía?" El principio de la roca es el mismo que el del agua que los Israelitas bebieron. Como dijimos previamente, el agua era física, pero también es un símbolo o cuadro que denota el agua espiritual. La fotografía de un tigre no se mueve, pero en la realidad, el tigre sí se mueve. De la misma manera, la roca que se menciona en este cuadro no se mueve, pero a los ojos de Dios esa roca es Cristo mismo. "Bebían de la roca espiritual que los seguía, y la roca era Cristo" (1 Co. 10:4b). Como objeto físico, la roca no podía moverse, pero como símbolo de Cristo, la roca se movía y seguía a los israelitas. Adondequiera que los israelitas iban, la roca los seguía. ¡Aleluya, tenemos la confianza de que en medio de nosotros hay una roca, la roca espiritual! Al reunirnos en la calle Jen-Ai, la roca está con nosotros; al reunirnos en un estadio, la roca está allí; si nos reunimos en el monte Ali, la roca también va con nosotros hasta la cumbre de esa montaña. Esta es una roca espiritual que nos sigue.

Según nuestro estudio de la Biblia, la roca es Cristo, y el agua es el Espíritu. El agua que fluye de la roca alude al Espíritu que fluye de Cristo. Pero aquí nos encontramos con otro problema: la teología ortodoxa enseña que el Espíritu Santo es el Espíritu Santo, que Cristo es Cristo, y que los dos están completamente separados. Pero, ¿en verdad están separados? Como hemos visto, el Cordero es Cristo, y los siete ojos del Cordero son el Espíritu. Decir que Ellos están totalmente separados, que el Espíritu Santo es uno y que Cristo es otro, equivale a quitar los ojos del cuerpo, diciendo: "los ojos son los ojos, y la persona es la persona". En principio, ésta es la doctrina de la Trinidad que enseña la teología tradicional ortodoxa.

**LA TEOLOGIA TRADICIONAL ORTODOXA
NO ES CONFIABLE**

Quisiera aprovechar esta oportunidad para mostrarles, especialmente a los jóvenes, que la doctrina "ortodoxa" acerca de la Trinidad no es confiable. Los teólogos ortodoxos tradicionales se basan en el Credo de Nicea, el cual fue establecido en el Concilio de Nicea en el año 325 d. de C. Antes de aquel tiempo, en el segundo y tercer siglo, los debates entre los primeros maestros de la Biblia, los así llamados padres de la iglesia, alcanzaron su punto máximo. Los debates giraban principalmente en torno a los temas del Dios Triuno, la relación entre los tres de la Trinidad y la Persona de Cristo, a saber, definir quién es Cristo y si El es Dios u hombre. Por doscientos años siguieron discutiendo hasta que se quedaron estancados. Fue en esa coyuntura, alrededor del año 310 d. de C., que Constantino el Grande llegó a ser emperador del Imperio Romano. El aceptó el cristianismo como la religión oficial del Imperio Romano y animó al pueblo romano a ser bautizado y unirse a la iglesia. Todo aquel que era bautizado para unirse a la iglesia recibía vestimentas y cierta cantidad de plata. Así que, en aquel tiempo, miles de ciudadanos romanos se unieron a la iglesia. Anteriormente el Imperio Romano había perseguido al cristianismo, pero a partir de Constantino el Grande la táctica cambió y se le dio la bienvenida abiertamente al cristianismo, el cual llegó a ser la institución más poderosa del Imperio Romano. Constantino el Grande intentó hacer que los maestros bíblicos dejaran de pelear entre sí, buscando con esto mantener el orden dentro del imperio. Por esta razón, en el año 325 d. de C. decretó que todos los maestros bíblicos, incluyendo los obispos de diferentes lugares, se reunieran en Nicea para celebrar un concilio. El mismo Constantino presidió dicho concilio, donde los obispos y los maestros de la Biblia debatieron frente a él. Al concluir los debates se formuló un credo, al cual se le conoce como el Credo de Nicea. Hasta el día de hoy, este credo es comúnmente aceptado y reconocido por la Iglesia Católica Romana, así como por las iglesias protestantes, tales como la Iglesia Episcopal, la Iglesia Metodista y muchas otras denominaciones.

El Credo de Nicea habla sobre el Dios Triuno, refiriéndose al Padre Santo, al Hijo Santo y al Espíritu Santo, pero no dice ni una sola palabra con respecto a que el Espíritu Santo sea el Espíritu vivificante. No es sino hasta el año 381 d. de C. que se agregaron unas palabras acerca del Espíritu vivificante. A pesar de esta añadidura, y sin importar cuánto estudiemos los credos, no podemos encontrar en ellos nada que se refiera a los siete Espíritus. En el Nuevo Testamento vemos el Espíritu Santo, "el Espíritu", el Espíritu vivificante y los siete Espíritus, pero en el Credo de Nicea no se mencionan los siete Espíritus.

Al contender por la verdad bíblica en los Estados Unidos, le hemos dicho a algunas personas: "Ustedes dicen que se basan en los credos, pero nosotros afirmamos que ellos son incompletos. Nosotros no nos basamos en los credos, sino en la Biblia". Hace más de cincuenta años el Señor levantó Su recobro en China. Gracias a Dios que desde aquel momento entendimos claramente que no podemos tomar ningún credo como nuestra base, debido a que estos son incompletos.

Debemos regresar a la Biblia, la cual sí es completa. Hemos preguntado a algunos: "¿Incluye en su credo a los siete Espíritus?" La respuesta, por supuesto, es negativa. Por esa razón les mencioné un refrán chino que dice: "se cortan los pies para que les queden los zapatos". Podemos comparar el Credo de Nicea con un pequeño par de zapatos hechos en el año 325 d. de C. En aquel tiempo, lo que la iglesia conocía de la Biblia podía compararse con unos pies muy pequeños; por eso, era cómodo usar aquel par de zapatos. Sin embargo, al escudriñar más la Biblia, el conocimiento de la iglesia ha ido avanzando. Por ejemplo, ciertamente la Tierra en sí no progresa, pues siempre es la misma, pero el conocimiento humano acerca de ella sí ha progresado enormemente. Antes de Cristóbal Colón, la gente pensaba que la Tierra era cuadrada o plana, pues no sabían que era redonda. El globo terráqueo no cambia, pero el descubrimiento del hombre con respecto al globo sí ha progresado. Lo mismo pasa con la Biblia. La Biblia no puede mejorar, pues fue completada de una vez por todas. Sin embargo, nuestro conocimiento acerca de las verdades bíblicas avanza y mejora a medida que hacemos nuevos descubrimientos en la Palabra.

En el año 325 d. de C., aquellos obispos y maestros bíblicos que se reunieron en Nicea conocían la Biblia, pero la medida de su conocimiento era pequeña. Por eso, hicieron un "zapato número cinco" para que lo usaran las personas de ese tiempo. En aquel entonces, el conocimiento común de las personas acerca de la Biblia a lo sumo medía "número cinco", así que para ellos era adecuado usar aquellos zapatos pequeños. Pero desde el año 325 d. de C. hasta el presente, durante el transcurso de más de mil seiscientos años, el conocimiento de los cristianos acerca de la Biblia ha progresado significativamente, debido a que se han realizado muchos descubrimientos y se ha recibido más luz; este progreso no sólo abarca desde Mateo hasta Hechos, sino también desde Hechos hasta las epístolas, y hoy en particular, desde las epístolas hasta Apocalipsis. En Apocalipsis hemos visto los siete Espíritus. Actualmente, los "pies" del conocimiento bíblico de los cristianos han aumentado y miden "número ocho"; no obstante, ellos insisten en calzar zapatos "número cinco". Por lo tanto, he dicho a los teólogos americanos: "Lo que ustedes están haciendo es cortarse los pies para que entren en los zapatos pequeños".

Este ha sido mi reto, pero hasta hoy no he escuchado ninguna respuesta. Ellos no tienen la respuesta; opinan que debemos sujetarnos a los credos y tomarlos como nuestra base, a pesar de que los credos no dicen nada acerca de los siete Espíritus. Entonces, ¿qué debemos hacer? ¿Debemos excluir los siete Espíritus? ¿Seguimos a la Biblia o a los credos? Los siete Espíritus no aparecen en los credos, pero sí constan en la Biblia. ¿Le damos importancia a los siete Espíritus? Por supuesto que sí. Entonces, ¿nos importan más los credos? Definitivamente que no. Gracias al Señor que ninguno de nosotros está interesado en los credos. Ya para principios del invierno de 1925 me olvidé de ellos. Alabamos y agradecemos al Señor que no sólo tenemos Mateo, Juan, Hechos, Romanos, 1 y 2 Corintios y las otras epístolas, sino también Apocalipsis.

Muchos afirman que los tres de la Trinidad son tres personas separadas; ellos dicen que el Espíritu Santo es el Espíritu Santo, el Hijo es el Hijo, y el Padre es el Padre. Recientemente, algunos de nosotros fuimos a la Tierra Santa para visitar Jerusalén, pero antes de eso pasamos por Roma para visitar el Vaticano. En el Vaticano hay una gran catedral en la que se encuentran las mejores pinturas al óleo de la antigüedad, las cuales adornan las paredes. Una de las pinturas es una representación del Dios Triuno: un padre anciano de barba larga está sentado; de pie, un hijo de mediana edad; y volando por encima de ellos, una paloma. Otro cuadro añade a una persona más, a María, de pie en medio de todos ellos. Esta es la Trinidad que el Vaticano enseña. El Padre es el padre anciano de barba blanca; el Hijo es el hijo de mediana edad; y el Espíritu Santo es la paloma que vuela por encima de ellos. Sólo se basan parcialmente en las Escrituras para describir tal concepto. Aparentemente ellos tienen la verdad, pero en realidad es algo completamente falso, es un conocimiento superficial.

Esa es la doctrina de la Trinidad que enseñan los teólogos tradicionales, pero nosotros les preguntaríamos: "¿Es Cristo la roca? ¿Es el Espíritu el agua viva?" Si la respuesta a ambas preguntas es afirmativa, entonces ¿están Cristo y el Espíritu divididos y separados? Por supuesto que no, ya que el agua fluye de Cristo. Además, el Cordero es Cristo, y los ojos del Cordero son el Espíritu. Ya que los ojos son parte del cuerpo, y los siete ojos del Cordero son parte del Cordero, obviamente no se pueden dividir. El cuadro de la roca y el agua, el cual es más claro que mil palabras, indica que el Espíritu Santo fluye de Cristo. Cristo, al infundirse en nosotros, es el Espíritu. ¿Cómo puede una persona infundirse en otra? Por medio de los ojos. Cuando una persona se infunde en otros por medio de sus ojos o de su mirada, esa persona infunde en ellos la realidad de lo que ella es. Del mismo modo, el Espíritu, quien es la realidad de Cristo, se infunde en los santos. Por lo tanto, no hay manera de separar al Espíritu y a Cristo. Separar a Cristo del Espíritu equivale a separar el agua viva de la roca. Una vez que separamos el agua viva y la roca, el agua viva ya no tiene una fuente de dónde brotar, y la roca ya no tiene un fluir. El agua viva es el fluir de la roca, y la roca es la fuente, el origen, del agua viva. Ciertamente son dos, pero a la vez, son uno; son indivisibles, así como los ojos y el cuerpo también son inseparables.

LAS LAMPARAS DE FUEGO LLEGAN A SER LOS RIOS DE AGUA QUE FLUYEN

Exodo menciona el fluir del agua viva, y los escritos de Juan también hablan de lo mismo, pero hay una diferencia entre ellos, pues en Juan vemos algo adicional. En Exodo no vemos las siete lámparas de fuego que arden delante del trono, pero en el libro de Apocalipsis sí aparecen. De hecho, estas lámparas son un gran fuego que arde a fin de ejecutar el juicio de Dios y llevar a cabo Su obra. Este es el fuego de las siete lámparas que arden delante del trono, las cuales son los siete Espíritus. Sin embargo, al final de Apocalipsis, estas siete lámparas de fuego se convierten en un río de agua de vida. Al principio de Apocalipsis vemos siete lámparas de fuego que arden, pero al final ya no las vemos; en cambio, vemos un río de agua de vida que fluye.

Cuando llegamos a la vida de iglesia, reconocimos que aquí había luz y sentimos su resplandor. Sin embargo, después de permanecer en la iglesia por un tiempo, sentimos que la luz resplandeciente se convirtió en fuego ardiente. Si continuamos en la iglesia y permitimos que la luz nos ilumine y que el fuego nos queme, después de ser constantemente iluminados y quemados, el fuego se convertirá en agua viva que fluirá en nosotros. Es posible que en un sólo avivamiento matutino experimentemos estos tres aspectos. Al iniciar nuestro avivamiento matutino, quizás sintamos que la luz resplandece, como una lámpara brillante que ilumina. Después de diez minutos, podemos sentir que la lámpara resplandeciente ha llegado a ser un gran fuego. Primero somos iluminados, luego somos quemados. Durante el resto de nuestro avivamiento matutino, es posible que seamos quemados incesantemente, tal vez por cuarenta minutos. En esta etapa, todos nuestros pecados son puestos al descubierto e incinerados por completo. Después de ser quemados, podemos sentir que el humo, las llamas y la incandescencia del fuego han terminado; lo que permanece es la luz resplandeciente de la lámpara. Inmediatamente después tenemos el sentir de que la llama de fuego se convierte en agua viva que fluye en nosotros. Finalmente, durante los últimos diez minutos, el agua de vida fluye, y nosotros la bebemos.

Creo que todos hemos experimentado esto; algunas veces, en sólo media hora podemos tener las tres experiencias: primero el resplandor, luego el fuego y finalmente el agua viva que fluye. El resplandor pone al descubierto nuestra verdadera condición. Si no somos iluminados, sentiremos que no somos tan malos y que nadie es tan perfecto como nosotros, pero después de venir a la vida de iglesia y entrar en la luz, de inmediato nuestra verdadera condición es puesta en evidencia. Al ser iluminados, descubrimos que no todo está bien, sentimos que no somos tan buenos como otros y reconocemos que somos dignos de lástima. Después de ser alumbrados durante cinco minutos por la luz, dicho resplandor se convierte en fuego. Entonces, nos aborrecemos a nosotros mismos; incluso en ocasiones golpeamos nuestro pecho en señal de aborrecimiento propio, pues reconocemos que somos las personas más malvadas de la tierra. Cinco minutos antes nos considerábamos las mejores personas del mundo, pero ahora sentimos que somos los peores. Por consiguiente, confesamos y lloramos, y el fuego continúa quemándonos por veinte minutos más, hasta que no hay nada más que incinerar. Entonces, el fuego ardiente llega a ser el agua que fluye. Esta agua viva fluye en nosotros: primero nos lava, luego nos riega, sacia nuestra sed y finalmente nos suministra vida. Después de experimentar esto por media hora, no pensaremos que somos los mejores o los peores; de hecho, si somos buenos o malos no importará, pues habremos pasado a otra esfera, donde fluye el agua viva. Aun aquellos que recientemente han sido salvos, han experimentado esto en la iglesia. Quizás no entiendan claramente su experiencia ni sean capaces de explicarla con palabras, pero seguramente en este mensaje estoy describiendo su propia historia. Esto no me lo he imaginado; más bien, he experimentado lo mismo que ellos. He sido salvo por cincuenta y dos años, y por muchos años he sido iluminado y quemado, y he disfrutado el fluir de la vida. Esto no es algo que se experimenta de una vez por todas; al contrario, es algo de lo cual nunca nos graduaremos.

Todos sabemos que no podemos dejar de respirar, beber y comer. Una vez que nos graduemos de hacer estas cosas, moriremos. De igual manera, no podemos cesar de tener experiencias espirituales. Podríamos describir nuestra experiencia de la siguiente manera: Por media hora en la mañana un joven experimenta la iluminación, el fuego y el fluir de vida, y entonces grita "¡Aleluya!" porque se siente contento. Sin embargo, su "aleluya" le dura cuanto mucho hasta el mediodía. Ya para la hora del almuerzo, alguien en la mesa le ha ofendido por alguna razón inexplicable. Debido a esto, el agua viva cesa de fluir en él, y también desaparece la iluminación y el fuego; todo queda en oscuridad. Mientras otros gritan aleluya, él no puede decir ni una palabra. Aun si intenta decir amén, es algo fingido y se siente abatido. Sin embargo, después de dos días él asiste de nuevo a un avivamiento matutino, el cual es una esfera de bendición. Durante los primeros dos minutos del avivamiento, mientras otros declaran: "Aleluya, amén", él se siente incómodo; no obstante, el avivamiento matutino es una esfera donde somos iluminados. Pronto llega la luz, y este hermano se culpa a sí mismo en vez de culpar a los demás. El reconoce que su enojo no se debió a la mala comida que el cocinero preparó, ni a que alguien durante el almuerzo cometiera un error; más bien, se ofendió porque él mismo estaba equivocado, se comportó de una forma incorrecta, no estuvo dispuesto a ser uno con los demás en el fluir de vida y se negó a someterse a los demás. Siente que él mismo es detestable, se arrepiente y se aborrece. Después de cinco minutos el fuego comienza nuevamente a arder, y dentro de unos minutos más todo su ser se quema. Entonces brota de él un verdadero: "¡Aleluya!". Después de experimentar este fuego, todo su ser queda claro, refrescante y maravilloso. Su sed es saciada, y él es satisfecho y regado.

Esta experiencia puede durar desde la mañana hasta la noche; sin embargo, por la noche el joven va a la reunión y uno de los ujieres, sin saber que él es un recién nacido, lo guía a sentarse en un asiento muy lejano. Esto causa que el hermano sufra una "recaída" de su "enfermedad" y empiece a murmurar, diciendo: "¿Qué clase de ujier es éste? ¿Por qué me obliga a sentarme aquí? ¡Me quejaré con los ancianos!" Debido a esto, no recibe nada en la reunión y, al irse a casa, está tan enojado que no puede dormir bien durante la noche. La ira permanece hasta el siguiente día, pero gracias al Señor, todo aquel que es salvo por gracia finalmente disfrutará la gracia. Después de un tiempo, aunque todavía sigue disgustado, asiste de nuevo al avivamiento matutino. Mientras está allí, no abre su corazón ni su boca, pero después de cinco minutos es iluminado y se dice a sí mismo: "¡Oh, que malo soy! ¿Por qué no estuve dispuesto a ser guiado por el ujier? Si todos actuaran como yo, no habría manera de que la reunión se llevara a cabo". Después de ser iluminado, de nuevo es quemado. El fuego es tan ardiente que solloza diciendo: "¡Oh Señor, nadie es tan malvado como yo. No merezco estar aquí!" Finalmente, después de llorar, comienza a regocijarse. Ahora experimenta el agua viva, es regado, su sed es saciada y tiene paz. Esta vez, su experiencia quizás dure por más de tres días. En esos tres días dará voces de aleluya como si se hubiera remontado a los cielos. Se siente tan feliz que adondequiera que va, testifica diciendo: "¡La vida de iglesia es verdaderamente maravillosa. Todos ustedes deben venir a la iglesia!" Sin embargo, después de unos días su esposa observa que él no hace otra cosa que regocijarse, y lo reprende. Al principio no le importa, pero después de más sermones "la zarza" en él se enciende de nuevo; así que se enoja y le dice a su esposa: "¿Qué te pasa? ¿No estás contenta de que haya sido tan bendecido? ¿De qué te quejas?" Entonces, él sufre de nuevo otra recaída.

Aun si ustedes me lo permitieran no podría terminar dicha historia, pues continúa indefinidamente. Algunos quizás se pregunten dónde aprendí estas cosas. No estoy hablando de ninguna otra persona; estoy hablando de mí mismo. Una y otra vez he tenido esta experiencia. Pero lo mejor es que, aunque la iluminación, el fuego y el fluir sólo duran pocas horas la primera vez, se incrementan hasta medio día la segunda vez y duran más de tres días la tercera vez. Pronto durará dos semanas y luego dos meses. Cada vez el tiempo se alargará, hasta que ya no haya "recaídas". Debido a que viajo frecuentemente, necesito ser vacunado contra la viruela siempre que viajo. Recibí la primera vacuna cuando era niño, pero por motivo de un viaje fui inoculado nuevamente a la edad de treinta o cuarenta años. Puesto que habían pasado treinta años desde mi primera vacuna, en mi brazo se formó una gran protuberancia roja. Después de cierto tiempo, recibí otra vacuna más, y el tamaño de la hinchazón fue más pequeño. Recientemente, antes de venir a Taipei, fui vacunado una vez más, pero esta vez no se formó ninguna protuberancia. Después de más de setenta años, mi brazo ya no se hincha por las vacunas. Pasa exactamente lo mismo en la esfera espiritual. Hoy no es fácil que me enoje aunque alguien me moleste. En el pasado, cada vez que me enojaba, allí estaba la luz resplandeciente; después de ser iluminado, era quemado; y después de haber sido quemado, era lavado y regado con el agua viva. Pero después de que estas experiencias se repitieron durante el transcurso de los años, ya no hay más "erupción". Esta es la situación de algunos hermanos y hermanas que han experimentado al Señor por muchos años. Ellos pueden ser "vacunados" sin que se forme ninguna protuberancia. Cuando sus cónyuges los instigan, ellos no reaccionan. Son capaces de decir aleluya sin importarles el trato que reciben.

EN LA NUEVA JERUSALEN HAY UN RIO DE AGUA DE VIDA

El Espíritu siempre fluye en nosotros después de quemarnos. Si experimentaremos más fuego aún después del fluir del agua de vida, dependerá de si hay algo más en nosotros que necesita ser quemado. El Espíritu seguirá ardiendo hasta que todo haya sido consumido por el fuego. Si llega el día en que ya no nos enojemos a pesar de que otros nos traten mal, entonces ya no habrá necesidad de más fuego, y sólo experimentaremos el fluir del agua de vida. Al alcanzar esta etapa llegamos a ser la Nueva Jerusalén, donde no hay más fuego sino únicamente el fluir del agua. En la Nueva Jerusalén hay un río de agua de vida que fluye por la eternidad. Ya no hay más fuego, porque el Espíritu ardiente ha llegado a ser el Espíritu que fluye. Allí habrá un río de agua de vida, resplandeciente como cristal, fluyendo por la eternidad.

Ninguno de nosotros ha llegado a dicha etapa, pero agradecemos al Señor que estamos en el camino. Ciertamente algunos tenemos la certeza de estar en el camino, pero muchos en las denominaciones no tienen la misma certeza debido a que no experimentan la iluminación, ni el fuego ni el fluir. Sólo hasta que tengamos estas experiencias subjetivas conoceremos lo que son, primero, las siete lámparas que resplandecen, luego, las siete lámparas de fuego, y después, el que las lámparas de fuego se conviertan en un río que fluye. Hay un río de agua de vida que fluye en nosotros a fin de regarnos, saturarnos y suministrarnos, para que a la vez podamos suministrar a otros. Esta es la realidad que experimentamos en la iglesia. Actualmente, la única iglesia que está en una condición apropiada es la Nueva Jerusalén. Muchos de nosotros aún no estamos en Apocalipsis 21 y 22, sino en Apocalipsis 4 con los relámpagos, las voces, los truenos y las siete lámparas de fuego que arden delante del trono. Sin embargo, no debemos olvidar que Apocalipsis 4 es el camino que conduce a Apocalipsis 21 y 22. El capítulo cuatro no es el final, sino el proceso; el final se halla en los capítulos veintiuno y veintidós. En Apocalipsis 21 y 22 vemos otra vez el trono mencionado en el capítulo 4. Es el mismo trono, pero lo que procede de él ya no es fuego, sino un río.

Hoy en la iglesia debemos manifestar este testimonio y vivir. Entre nosotros no sólo deben estar las lámparas que iluminan y el fuego que arde, sino también el agua viva que fluye. Si necesitamos el fuego, habrá fuego, y si necesitamos el agua, también habrá agua; pero el fuego no es la meta, sino el procedimiento. La meta es el agua viva. En otras palabras, la meta final de la iglesia es que las personas sean introducidas en el fluir del agua viva. "Y el Espíritu y la novia dicen: Ven. Y el que oye, diga: Ven. Y el que tiene sed, venga; y el que quiera, tome del agua de la vida gratuitamente" (Ap. 22:17). Esta es la salvación; éste es el evangelio; y ésta es la vida de iglesia.

Al principio de Apocalipsis vemos que el Cordero tiene siete ojos, los cuales son los siete Espíritus, y también vemos que los siete Espíritus son las lámparas que arden; pero al final de Apocalipsis, la lámpara es el Cordero. Al alcanzar esta etapa, estamos en la eternidad. En la Nueva Jerusalén sólo se necesita la lámpara, no el fuego. Además, en la Nueva Jerusalén hay luz pero no hay fuego, y ella está llena de agua. Ahora, la iglesia tiene el resplandor y el fuego, pero el fuego finalmente llega a ser el agua que fluye. Dios es la luz, Cristo es la lámpara y el Espíritu es el agua que fluye; éste es el Dios Triuno. Cuando la iglesia madure y entre en una condición apropiada, sólo habrá luz y agua. No habrá más fuego, porque ya no habrá más personas derrotadas, degradadas ni descarriadas. Sólo necesitaremos la luz que ilumine nuestro mover y el agua que nos suministre; ya no tendremos necesidad de que el fuego nos juzgue ni nos queme. Esta será la condición de la Nueva Jerusalén. Gracias al Señor que hoy en la iglesia podemos tener un anticipo de la Nueva Jerusalén, donde hay luz y agua pero no hay fuego, porque todo el fuego está en el lago de fuego. En la iglesia todo ha sido juzgado; lo único que permanece es la presencia de Dios. En la presencia de Dios, Él es la luz y Cristo es la lámpara, y desde Él fluye el Espíritu como nuestra agua viva. Esta es nuestra experiencia hoy en la iglesia.

ACERCA DEL AUTOR

Witness Lee nació en 1905 en el seno de una familia cristiana al norte de China. A la edad de diecinueve años fue plenamente cautivado por Cristo y de inmediato dedicó su vida a predicar el evangelio. Poco después de comenzar a servir al Señor, conoció a Watchman Nee, un renombrado predicador, maestro y escritor cristiano. Witness Lee laboró junto con él y bajo su dirección. En 1934 Watchman Nee confió a Witness Lee la responsabilidad de la Librería evangélica de Shanghai, la cual publicaba sus escritos.

En 1949, antes de que el régimen comunista se estableciera en China, Watchman Nee y sus colaboradores enviaron a Witness Lee a Taiwan para que no se perdiera lo que el Señor les había encomendado. Watchman Nee encargó a Witness Lee que continuara la obra de publicación por medio de la Librería evangélica de Taiwan, la cual es reconocida públicamente como la editora de las obras de Watchman Nee fuera de la China. La labor de Witness Lee en Taiwan manifestó la abundante bendición del Señor. Comenzando con un grupo de 350 creyentes, la mayoría de los cuales había huido de la China continental, las iglesias en Taiwan llegaron a 20,000 miembros en cinco años.

En 1962 Witness Lee fue guiado por el Señor a mudarse a los Estados Unidos y se radicó en California. Durante sus 35 años de servicio en dicho país, dio miles de mensajes en reuniones durante la semana y en conferencias los fines de semana. Una gran parte de sus mensajes se ha publicado en más de 400 libros, muchos de los cuales han sido traducidos a más de catorce idiomas. Dio su última conferencia en febrero de 1997 a la edad de 91 años.

Witness Lee deja como legado una amplia presentación de la verdad contenida en la Biblia. Su obra principal, *Estudio-vida de la Biblia*, consta de más de 25,000 páginas de explicaciones sobre todos los libros de la Biblia, desde la perspectiva del disfrute y la experiencia que el creyente tiene de la vida de Dios en Cristo por medio del Espíritu Santo. Witness Lee fue el editor principal de una nueva traducción del Nuevo Testamento al chino, y dirigió la traducción del mismo al inglés. La Versión Recobro también ha sido traducida a otros idiomas, incluyendo el español, y contiene un cuerpo extenso de notas de pie de página, bosquejos y citas paralelas. Los mensajes de Witness Lee se transmiten por la radio en numerosas emisoras cristianas en los Estados Unidos y en otros países. En 1965 Witness Lee fundó Living Stream Ministry, una corporación sin ánimo de lucro radicada en Anaheim California, la cual difunde oficialmente el ministerio de Witness Lee y Watchman Nee.

El ministerio de Witness Lee se centra en la experiencia que el creyente tiene de Cristo como vida y en la unidad práctica de los creyentes como Cuerpo de Cristo. Con este énfasis, él guió a las iglesias que estuvieron bajo su cuidado a crecer en la vida y el servicio cristiano. Fue firme en su convicción de que Dios no se complace en el sectarismo, sino que tiene como meta producir el Cuerpo de Cristo. En respuesta a dicha convicción, los creyentes simplemente empezaron a reunirse como la iglesia en sus localidades. En años recientes, numerosas iglesias han sido establecidas en Rusia y en varios países de Europa.

OTROS LIBROS PUBLICADOS POR
Living Stream Ministry

Títulos por Witness Lee:

La experiencia de vida	0-87083-632-3
El conocimiento de la vida	0-87083-917-9
El árbol de la vida	1-57593-813-8
La economía de Dios	0-87083-536-x
La economía divina	0-87083-443-6
La economía neotestamentaria de Dios	0-87083-252-2
Cristo es contrario a la religión	0-7363-1012-6
El Cristo todo-inclusivo	0-87083-626-9
La revelación básica contenida en las santas Escrituras	1-57593-323-3
La revelación crucial de la vida hallada en las Escrituras	1-57593-811-1
El Espíritu con nuestro espíritu	0-7363-0259-x
La expresión práctica de la iglesia	0-87083-905-5
La especialidad, la generalidad y el sentido práctico de la vida de iglesia	0-87083-123-2
La carne y el espíritu	0-87083-793-1
Nuestro espíritu humano	0-87083-259-x
La autobiografía de una persona que vive en el espíritu	0-7263-1126-2
La preciosa sangre de Cristo(folleto)	0-7363-0228-x
La certeza, seguridad y gozo de la salvación (folleto)	0-7363-0991-8
Los vencedores	0-87083-724-9

Títulos por Watchman Nee:

Cómo estudiar la Biblia	0-7363-0539-4
Los vencedores que Dios busca	0-7363-0651-x
El nuevo pacto	0-7363-0064-3
El hombre espiritual	0-7363-0699-4
La autoridad y la sumisión	0-7363-0987-x
La vida que vence	1-57593-909-6
La iglesia gloriosa	0-87083-971-3
El ministerio de oración de la iglesia	1-57593-908-8
El quebrantamiento del hombre exterior y la liberación del espíritu	1-57593-380-2
El misterio de Cristo	1-57593-395-0
El Dios de Abraham, de Isaac y de Jacob	1-57593-377-2
El cantar de los cantares	1-57593-956-8
El evangelio de Dios (2 tomos)	1-57593-940-1
La vida cristiana normal de la iglesia	0-87083-495-9
El carácter del obrero del Señor	1-57593-449-3
La fe cristiana normal	0-87083-779-6

Disponibles en
librerías cristianas o en Living Stream Ministry
2431 W. La Palma Ave. • Anaheim CA 92801
1-800-549-5164 • www.livingstream.com